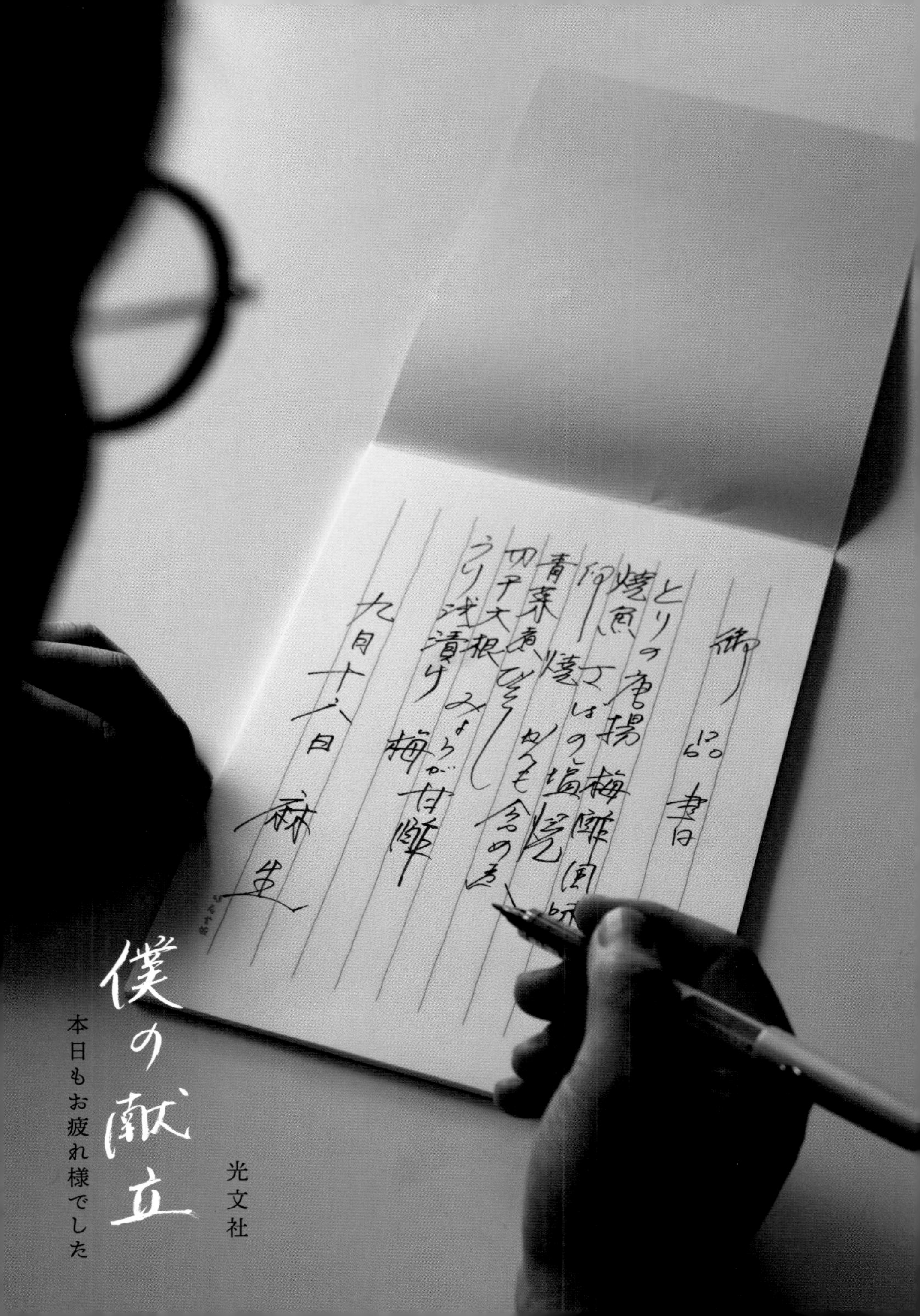

僕の献立

本日もお疲れ様でした

光文社

はじめに

今夜のごはんは何にしようかと考える時、
台所で天婦羅を揚げている
母方の祖母の姿を思い浮かべる時がある。

まだ幼かった頃、父と母が一緒に出かける日は、近所の母方の祖父母の家に預けられた。スーツの仕立ての仕事をしていた祖父母の家は、お店と自宅が隣り合わせになっていて、二つの建物を板橋で繋いでいた。そこを行き来するのが子供ながらにとても楽しかった。戦前に建てられた家だったので、台所は裸電球の灯り、どこか薄暗く、戦時下を描いたテレビドラマのセットのようだった。その少し薄暗い台所の傍らで、祖母が次々に天婦羅を揚げていく様子を僕はじっと眺めていた。揚げたてのさつま芋の天婦羅をつまみ食いさせてもらうのが僕は嬉しかった。色々な料理を作ってくれたし、天婦羅だって他にも色々揚げてくれたはずなのに、覚えているのはつまみ食いのさつま芋の天婦羅だけである。

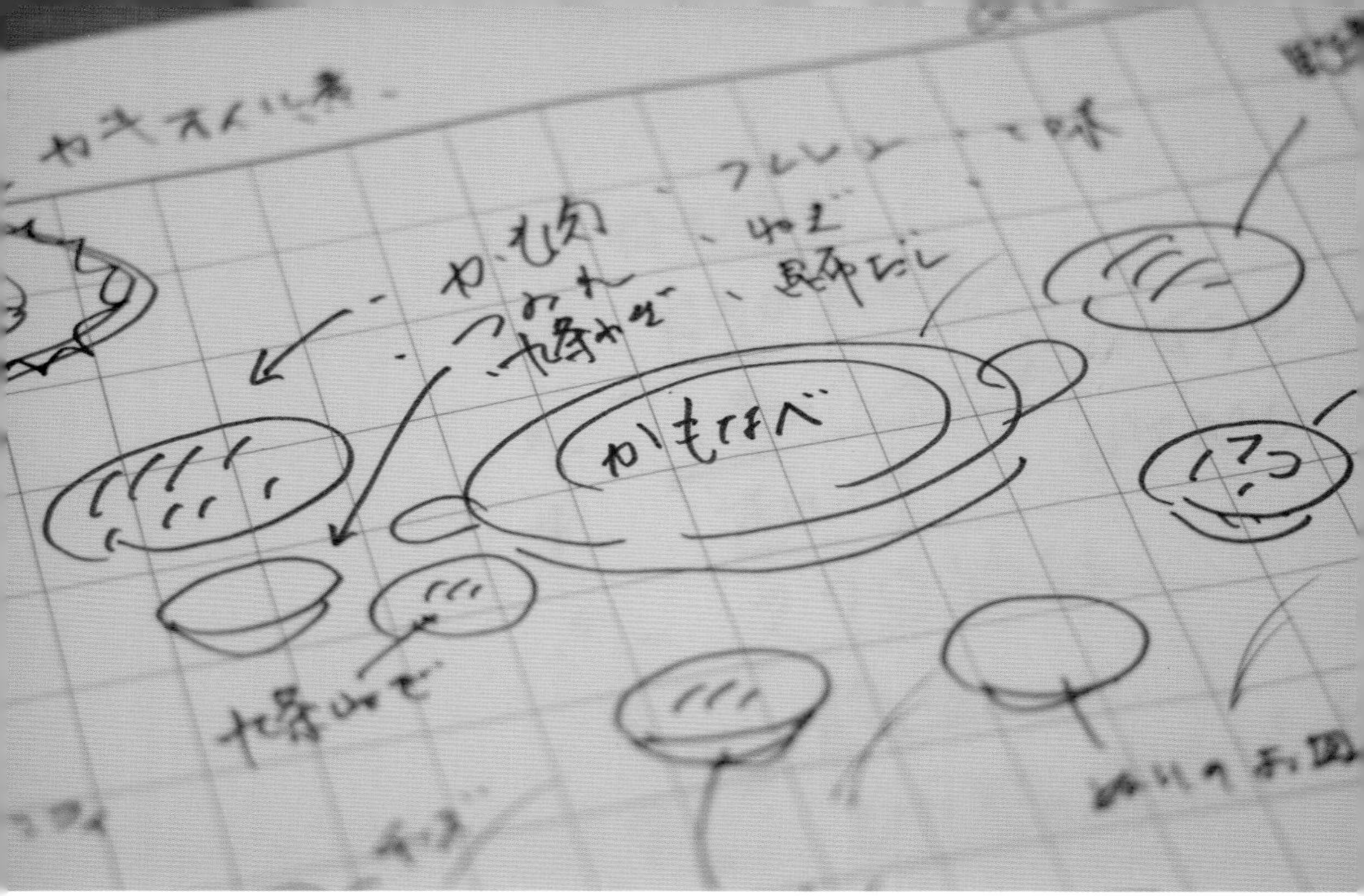

僕は縁あって、年を重ねた姉妹の養子になった。
今では知ってか知らぬか、料理上手な姉が僕にさつま芋の天婦羅を揚げてくれる事がある。天婦羅屋で出て来るどこか余所行きに揚げられたさつま芋の天婦羅とは違う、さつま芋本来の素朴な味わいがある。

技巧を凝らした、見栄えがする美味しいごはんを作る人は世の中にたくさんいる。僕は身近な誰かを喜ばせたい思いだけでごはんを作っている。食卓に並ぶのは、気取りのない家庭的なおかずばかり。時には誰かの料理と僕の料理を比べて落ち込む事だってある。それは人生も同じ事ではないだろうか。

時を超え再び味わうさつま芋の天婦羅が、今生ではもう会えぬ家族を思い出させ「そのままでいいんだよ」と僕に語りかけているような気がするのである。

この本が誰かにとってそうありますように。

・ことわりがない限り、レシピは2人分を目安にしています。
・お弁当は現在、知人、友人のみ、直接ご面識のある方のみとさせて頂いております。

僕の3つの仕事

1　お弁当を作る

卵焼き、唐揚げ、焼き魚……どこにでもあるようなお母さんの作るようなお弁当。「要一郎さん撮影の日にお弁当作ってくれない？」友人にそう頼まれたのがきっかけ。撮影現場に届けると、そのご縁でまたどこかへ届ける事になり、それがとても嬉しかった。屋号はない。考える間もなく、口コミで広がっていってしまったのだ。分かりやすいおかずしか作らないので、料理名というのも特段ない。筆ペンで書くお品書きは好評だが、お弁当を頼んでくれた方がおかずの名前を分からないのも困るだろうと思ったから書き添えるようにした。買い出しも、作るのも、詰めるのも、届けるのも自分。我が家の食卓のお裾分け、そんな気持ちでやっている。お弁当で誰かが喜んでくれるなら、こんな嬉しい事はない。

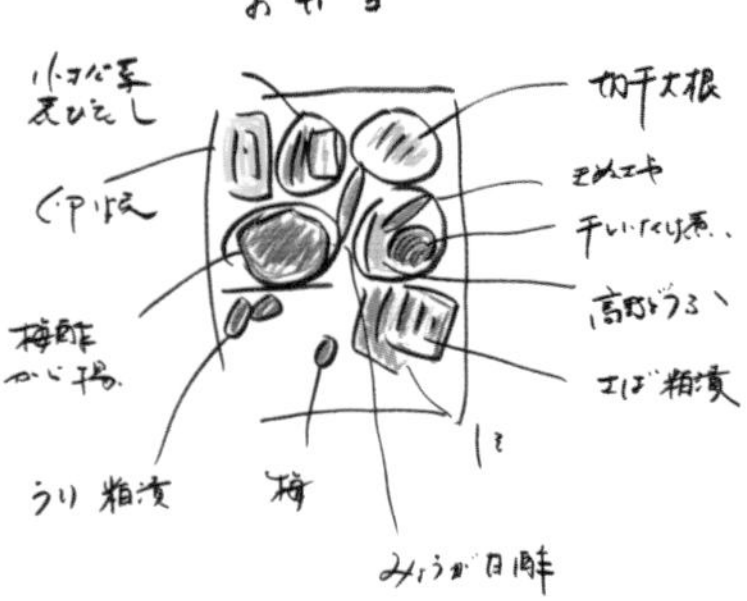

2　家族のひと時

僕は毎日、姉と猫のチョビが暮らす家へ行く。頼まれた買い物の品や、おかずやおやつを抱え、エレベーターで5階に上がれば、チョビがニャアと出迎えてくれる。妹は病院に暮らしている。姉は、料理、歴史、動物、植物、本当に何でもよく知っている。猫や犬はいつも家にいたそうで、鳥も、亀も、山羊も育てた。お父さんの好物の鼈《すっぽん》を、いつでも料理できるようにと、家の水槽に飼っていた事もある。戦争を挟んで、東京という都市の移り変わりもしっかりと見て来た。ニューラテンクォーターでジルバを踊った話を聞くたびに、もう少し前に出会っていたら僕らはダンスを一緒に踊ったのかも知れないといつも思う。二人と過ごす時間は彼女達が見てきたものを継承していく僕の学びの時間である。

3　食卓を囲む

パートナーの英治さんや家族のような友人達と囲む日々の食卓は、僕にとって掛け替えのない時間。その日の出来事、近況報告、これからの話、喜びや悲しみも、我が家の食卓では皆、時を忘れて話し込む。仕事柄「好きな食べ物は何ですか？」という質問をよく受ける。食卓を一緒に囲む誰かの好きな食べ物は簡単に思い浮かぶが、自分の好きな食べ物というのはなかなか思いつかず間に合わせな回答をしてしまう。この本に出て来るメニューもだいたい誰かの好きな食べ物である。思いも寄らぬ時に日常が失われる事を幾度も経験した。だから僕は毎日、心の片隅で今日が最後の食卓だったとしても悔いが残らないようにと思いながらごはんの仕度をする。今夜は何にしようかな？と食卓を囲む人の顔を思い浮かべながら考えるのは至福の時間。

焼き魚の日

魚屋さんを覗くと並ぶ旬の魚達。刺身も良いが、焼き魚も格別である。同じ魚でも、さっと塩をして塩焼き、ごはんに良く合う漬け焼き、粕漬ならば保存も効く。バリエーションも増えれば、魚を選ぶ楽しさも増えるもの。今夜は鰤を召し上がれ。

献　立

焼き魚（塩焼き、漬け焼き、粕漬）

卵焼き

小松菜とお揚げの煮浸し

浸し豆

きんぴらごぼう

長芋のグラタン

焼き魚の作り方

塩焼き

焼き魚の基本、魚に塩をふる。塩をふるのは、魚の水分や臭みをとるためであり、味の引き立てでもあります。塩のタイミングとしては、焼く30分位前。魚の表面の水分を軽く拭いてから。食べた時にほんのり塩を感じる位が理想の仕上がり。大根おろしに柑橘を添えて。

焼き魚の作り方

漬け焼き

酒・味醂・醤油を同量で合わせた漬汁に魚を漬けて焼きます。魚を漬ける時には、魚に軽く塩をして30分ほど置き、魚から出た水気を拭き取ってから、漬け汁に30分ほど漬け込みます。季節によっては、漬汁に柚子をしぼっても一興。焼きながら刷毛等で漬け汁を表面に塗ってあげると香ばしく、美味しく仕上がります。

焼き魚の作り方

粕漬

酒粕と他の材料を、よく混ぜ合わせておきます。

魚に軽く塩をして30分ほど置いて、魚から出た水気を拭き取ってから粕床に漬け込むのがコツ。1〜2日で美味しい粕漬の出来上がり。

美味しい魚の切り身をお店で見つけたのに、今日は魚は食べないんだよなあという時に、粕漬にしてしまいます。我が家では奈良漬けの粕も加えるなど、色々な粕をブレンド。ちょっと余ったお味噌を加えたり、旨味を引き立たせる様々な素材を加えても。ご家庭の味を作ってみて。

粕床

酒粕（練り粕が使いやすい）　1kg

味醂　150ml

砂糖　80g

塩　20g

白味噌　50g

焼き魚の日の副菜

卵焼き

材料
卵　4個
砂糖　大さじ2
醤油　大さじ1.5
味醂　大さじ1
油　適量

作り方

1　卵焼き器に油を馴染ませ強火でよく熱しておく。

2　ボールに卵を割り入れ、調味料も全部入れてよく混ぜる。

3　卵焼き器の火は中火くらい、卵液を4分の1入れて全体に広げ、大きな気泡は潰し、卵液の表面が半熟な状態で固まって来たら、奥から手前まで3回で巻く。これを4回繰り返す。卵焼き器が乾いてしまわないように適宜、キッチンペーパー等で油を補充する。

4　焼き終わったら巻き簀で巻いて形を整えながら休ませる。

ポイント

・色々な卵焼き器を試したものの、現在は南部鉄器のものを愛用。卵焼きは熱の伝わり方が全て。

小松菜とお揚げの煮浸し

材料
小松菜　1束
油揚げ　2枚
出汁　300ml
醤油　小さじ1
味醂　小さじ0.5

作り方

1　小松菜は1分程茹でて、冷水にとって水気を絞り、食べやすい長さに切る。

2　油揚げは油抜きして食べやすい大きさに切っておく。

3　鍋に出汁をはり、2を入れて、醤油と味醂も加える。

4　小松菜を3の中に入れてひと煮立ちさせて、器に盛りつける。

ポイント

・お弁当でも人気の煮浸しは、冷たくても、あたたかくても美味しい。冬なら春菊、春なら菜の花など季節に合わせて。

浸し豆

材料
青大豆　200g
出汁　300ml
塩　小さじ1
醤油　小さじ1

作り方

1　青大豆は水で洗い、たっぷりの水に浸して一晩おく。

2　鍋に戻し汁ごと入れて、中火で煮立たせ、灰汁がまとまったらすくい、弱火に落としてして20〜30分好みの硬さに茹でる。

3　鍋に出汁、塩、醤油を入れて煮立たせて、茹で汁を切り、2の豆を加えてひと煮立ちさせたら、火を止めてそのまま冷ます。

4　冷めたら容器に移して冷蔵庫へ。

ポイント

・豆を手間でも自分で炊く楽しみは、好みの硬さ、味付けが出来る事。僕は柔らかめよりも、ちょっと硬めの薄味が好き。

きんぴらごぼう

作り方

1　ごぼうは細切りにして水に一度さらして、しっかり水切りする。にんじんは皮をむいて細切りにする。

2　鍋にゴマ油を熱して1を加えて炒める。

長芋のグラタン

材料
長芋　300g
牛乳　200ml
塩　小さじ0.5
胡椒　小さじ0.5
好みのチーズ　適量

作り方
1　長芋は薄くスライスする。
2　鍋に長芋と牛乳を入れて火にかける（中弱火）。
3　煮立ったら、塩と胡椒で味を調えて、チーズも大さじ1位を入れて溶けたら火を止める。
4　耐熱に3を入れて、チーズを散らして180度のオーブンで少し焦げ目がつくまで焼く。

ポイント
・生でも食べられる長芋を使った、手早く合わせる簡単なグラタン。冷蔵庫の中で見つけた長芋を使ったり、色々なチーズが余っている時に作る一品。

3　調味料を全て加え、混ぜながら汁気を含ませる。
4　器に盛り、白ごまをふる。

ポイント
・牛蒡は皮にその風味があるので、土をよく洗って、束子でこすり洗いするか、包丁の背で軽く皮をこそげるようにして下処理をする。

材料
ごぼう　1本
にんじん　半本
砂糖　大さじ1
醤油　大さじ1.5
酒　大さじ1
味醂　大さじ1
ゴマ油　大さじ1
白炒りごま　小さじ1

唐揚げの日

子供の頃、一番好きな食べ物は母の作った「唐揚げ」だった。両家の祖父母も揃っての誕生会で、誰かが唐揚げに箸をつけようとした時に泣いた事を今でも覚えている。何故泣いたかについては記憶にないが、誕生日の唐揚げは独り占め出来ると思っていたのだろう。料理をするようになり、ずっと醤油ベースの唐揚げが僕の十八番であった。しかし、友人に紹介された梅酢に出会って以来、僕の唐揚げは梅酢風味となった。誰かが我が家に来る時にリクエストされるのは、いつも唐揚げなのだ。

献立

唐揚げ　梅酢風味と醤油味

しらすおろし　菊花添え

きゅうりの塩揉み

ひじきのサラダ

五目豆

ニラ豆腐

豚汁

唐揚げ 梅酢風味

材料
鶏もも肉　2枚
梅酢と酒　2:1の割合で
卵　1個
片栗粉　大さじ2〜3
油　適宜
すだち　適宜

作り方

1　鶏肉を下処理し、食べやすい大きさに切る

2　ボウルに梅酢と酒を合わせて鶏肉を30分浸す。表面が白くなったら頃合い。漬液の分量が少なめの時は、途中で上下を返すか、ポリ袋などを利用してもよい。漬液は捨てて、鶏肉だけを取り出す。

3　ボウルに卵を割り入れよく混ぜ、そこに2の鶏肉を入れて、よく絡ませる、揚げる直前に片栗粉を加え、よくまぶす。

4　油を180度に熱し、3を入れる。表面がカリッと揚がったら、最後に温度を10度ほど上げて、2分ほど揚げたら出来上がり。

ポイント
・鶏肉は大きく切るのが我が家の定番。1枚を4〜5等分に。その方が外はカリッと中はふっくら見映え良く仕上がる。

唐揚げ
醤油味

材料
鶏もも肉　2枚
醤油　大さじ2
酒　大さじ1
ゴマ油　小さじ1
生姜　小さじ2
にんにく　小さじ2
オイスターソース　小さじ1
片栗粉　適宜
油　適宜
レモン(好みで)

作り方
1　鶏肉を食べやすい大きさに切り分ける。
2　ボールに醤油、酒、ゴマ油、生姜、にんにく、オイスターソースを入れて、よく混ぜてから鶏肉を入れてよく揉み込み30分~1時間おく。
3　2の汁気を切ってから鶏肉に片栗粉をまぶす。
4　油を１７０度に熱し、3を入れる。表面がカリッと揚がったら、最後に温度を10度ほど上げて、1分揚げたら出来上がり。

ポイント
・鶏肉の下処理をしっかりとする事が美味しさのポイント。
1　水分をキッチンペーパーでしっかり拭く取る。
2　黄色っぽい脂身を取り除く、筋を取る。
3　繊維を断ち切るように切れ目を入れる。

しらすおろし菊花添え

作り方

1　菊花は花びらの部分をむしりとって水につけて洗う。

2　酢と砂糖と塩は一旦煮立たせて、冷ましておく。

3　鍋に湯を沸かし、酢（分量外）を小さじ1程加えて、菊の花を入れる。さっと湯通しをしたら、冷水にあげて、水気を絞って2の甘酢に漬ける。

4　大根おろしに、しらすをのせて、その上に3の菊花をのせれば完成。

ポイント

・菊花は甘酢漬けにしておくと長持ちします。彩りやあしらいに、また酢飯に混ぜたり、大根と合わせてなますにしても。

・そのままの味わいで物足りない場合には少量の醤油やポン酢を合わせても。

材料
しらす　40g
大根（おろし）　250g
食用菊（黄色でも紫でも）1パック
酢　150ml
砂糖　大さじ3
塩　小さじ1

きゅうりの塩揉み

材料
きゅうり　1本
塩　小さじ　0.5
生姜　小さじ1杯分

作り方

1　きゅうりは薄くスライスして、塩と合わせて5分程置く。生姜は薄くスライスしてから細い千切りにしておく。

2　きゅうりの水分がよく出ている事を確認してからぎゅっと絞る。

3　2のきゅうりと生姜をよく和える。

ポイント

・きゅうりを切るのはスライサーでも良いですが、均一にならなくても包丁で切った方が食感が良い。

・風味づけにゴマ油を用いても。

ひじきのサラダ

作り方

1　ひじきは戻してからさっと茹でて、玉ねぎは薄くスライスして水にさらす。

2　ボウルに1をすべて入れて三杯酢で和える。

ポイント

・ひじきと言っても、伊勢産、広島産、房州産と様々です。芽ひじき、長ひじき、味わいも風味もまた違うもの。さっぱり食べたいものには芽ひじき、煮物には長ひじきを用いています。

材料

芽ひじき（乾）　15g

蒸した豆　60g

玉ねぎ　1/4個

三杯酢

　酢　大さじ4

　砂糖　大さじ2

　醤油　小さじ1

材料
大豆（乾）　200g
にんじん　半本
干し椎茸　15g（戻し汁も使う）
こんにゃく　小さいもの1枚
れんこん　小さめの節１つ分
出汁　500ml
醤油　大さじ4
味醂　大さじ2
砂糖　大さじ1
酒　大さじ1

五目豆

作り方
1　大豆はたっぷりの水で一晩戻す。
2　干し椎茸は、水につけて戻す（戻し汁を取っておく）。
3　にんじん、干し椎茸、こんにゃく、れんこんは大豆と均等な大きさに切る。
4　大豆は戻し汁を捨てて洗って水を切り、3と、干し椎茸の戻し汁も一緒に鍋にいれ、調味料も加え、中火で煮立たせる。あくが出て来たらすくう。あくが落ち着いたら弱火にして、落とし蓋をして30分程煮込んで、そのまま冷ます。

ポイント
・乾物の大豆を使うのは手がかかるようにも思いますが、一度覚えれば簡単。気軽な水煮とは、風味や食感が断然違います。

ニラ豆腐

作り方

1　ニラを小口に切り、塩小さじ1とで和える（30分程おく）。

2　1の水分を切りゴマ油、ゴマと和える。

3　豆腐を好みの大きさ、分量に切り分けて、ニラをのせる。

ポイント

・ニラはお肉と一緒に食べてもおいしく、色々なアレンジのきくものです。

材料
ニラ　1束
豆腐　1丁
塩　小さじ1
ごま油　大さじ1
白ゴマ　小さじ1

豚汁

材料
豚バラ肉　200g
大根　100g
にんじん　半本
ごぼう　1本
さつまいも　小さめの1本
（150gくらい）
油揚げ　1枚
豆腐　半丁（140g）
こんにゃく　1枚（120g）
椎茸　4個
長ねぎ　1本
味噌　大さじ4
（お好みの味噌で）
水　1ℓ
油　大さじ2
ねぎ　小口切り　適量

作り方

1　豚バラ肉と油揚げは2センチ幅に切り、大根とにんじんはいちょう切り、長ねぎは斜め薄切りにする。ごぼうは斜め薄切り、さつまいもは一口大に切って、それぞれ水にさらして、水切りをしておく。椎茸は薄切りにし、豆腐とこんにゃくは一口大に切っておく。

2　鍋に油を入れて、野菜（大根、にんじん、ごぼう、さつまいも、椎茸、長ねぎ）を炒めて、野菜と油が馴染んだら、豚肉、油揚げとこんにゃくを加えて3分位全体をよく炒め合わせる。水1ℓを加え、沸いてあくが出たらすくって野菜が柔らかくなるまで煮込む。

3　豆腐を加えて、味噌を加えて完成。頂く時に小口切りしたねぎをのせて。

ポイント

・具材は全部揃えなくても、豚肉と野菜が何種類かあれば美味しく出来ます。たっぷり作って翌日にうどんやお蕎麦を入れて食べるのも美味しい。

煮魚の日

小さな宿をやっていた時、メイン料理は近海でとれる金目鯛の姿煮だった。赤くきれいな金目鯛にじっくりと火が入り、表面に艶が出てきたら食べ頃。毎日何尾もの金目鯛を何年も煮てきたので、扱いは心得たもの。気軽に切り身でもいいけれど、やはり姿煮は食卓に並べた時の華やかさが違う。買い物に出かけた先で、赤く輝く美味しそうな金目鯛を見つけるとついそのまま姿煮にしたくなってしまう。

献立

金目鯛の煮付け

たこの酢の物

ほうれん草胡麻和え

オクラ納豆

卵豆腐のお吸い物

金目鯛の煮付け

作り方

1　煮汁を鍋に煮立たせる。

2　金目鯛を1に入れおたまなどで、煮汁をまわしかけながら弱火で煮る。

3　小松菜は茹でて水を切っておく、ゴボウも細切りにして、下茹でをしておく。

4　煮汁がなくなってきたら日本酒を少し足す。

5　金目鯛に火が通り、表面に艶が出てきたら、器に盛りつける。

6　鍋に残った煮汁とゴボウをよく絡ませて、小松菜と共に金目鯛に添える。

ポイント

・日本酒は少し麹の香りがするようなものが美味しく仕上がります（この時は寺田本家の五人娘を使用）。

・余った身や煮汁はおからと一緒に炊いて頂いてもよいものです（↓P112小さいおかず参照）。

材料

金目鯛　1尾（鱗、えら、内蔵をとったもの）

煮汁　日本酒　200ml

　　　醤油　50ml

　　　味醂　50ml

　　　砂糖(ここではきび砂糖を使用)　大さじ3

添える野菜として、小松菜（ほうれん草や菜の花など季節ごとの青菜）　1束

ゴボウ　1本

たこの酢の物

作り方

1　たこを食べやすい大きさにスライスする。

2　きゅうりを薄くスライスして、塩もみして軽く絞る。

3　わかめを戻して食べやすい大きさに切る。

4　1〜3を合わせ酢とよく和えて、冷蔵庫で冷やす。

ポイント

・わかめと一口に言っても、地域によって味わいがだいぶ違うもの。我が家は三陸産のものや伊勢産を愛用。好みのわかめを是非探ってみて。

材料

たこ　50g

きゅうり　1本

わかめ(乾)　10〜20g

合わせ酢

　だし汁2

　酢1

　味醂1

　醤油0.5

　の割合で

材料
ほうれん草　1束
ゴマ（黒でも白でも）　大さじ2
醤油　小さじ1
砂糖　小さじ1

ほうれん草胡麻和え

作り方

1　ほうれん草を1分ほど茹でて、冷水にとり、水気を絞って食べやすい大きさに切る。

2　ゴマを炒ってすり鉢で擂り、そこへ醤油と砂糖を加える。

3　すり鉢の中に、ほうれん草を少しずつ入れてよく和える。

ポイント

・ゴマは擂りゴマを使っても良いですが、炒りたて擂りたてのゴマの風味をぜひ味わって。

オクラ納豆

作り方

1　オクラは塩を振って板ずりする。ガクを除き熱湯（分量外）で1分半ほど茹でて冷水にとり、水気をキッチンペーパー等でしっかりとって冷蔵庫で冷やす。

2　納豆をよく混ぜて、薄切りにしたオクラと麺つゆと和える。

3　器に盛り付け、鰹節を散らす。

ポイント

・オクラの茹で加減がいのち。ツルムラサキやモロヘイヤを加えても美味しい。

材料

オクラ　5本

納豆　1パック

鰹節　大さじ1

麺つゆ　小さじ1

塩　小さじ1

卵豆腐のお吸い物

材料
卵豆腐　1個
かいわれ　半パック分
茗荷　1個
出汁（かつお）　350ml
醤油　小さじ1
味醂　小さじ1
塩　ごく少量

作り方

1　卵豆腐を2つに切り、かいわれは根本を切って半分位に切っておく。茗荷は斜め薄切りにしておく。

2　鍋にかつお出汁と卵豆腐を入れて弱火で加熱して静かに煮立たせる。煮立ったら茗荷、醤油、塩で味を整えて、お椀によそう。仕上げにかいわれをあしらって完成。

ポイント

・かつお出汁は、水1ℓに対して、花かつお30gの分量。水を沸騰させて、沸騰したら火を止めて鰹節を入れ、沈むまで静かに待ってザルを使い漉します（この時えぐみが出てしまうので鰹節を絞らないようにしましょう）。

シチューの日

シチューの日の献立って難しい、という話をよく聞く。理屈っぽく考えると、シチューとご飯という組み合わせも妙な気がするし、そもそも具がたくさん入ったシチューはスープなのかおかずなのか、分からなくなる。友人が言う「要ちゃん家の食卓はお刺身とグラタンが一緒に並んでいてね、それがまたいいのよね」と。家庭の食卓だもの、その日食べたい物を、あるいは冷蔵庫で出番を待っている今日食べないといけない物を並べたら良いんじゃないかなって、僕は思う。

献立

ホワイトシチュー

春菊のサラダ

切昆布炒め煮

鱈の味噌マヨネーズ焼き

厚揚げの煮物

ホワイトシチュー

作り方

1　鶏肉と野菜は食べやすい大きさにカットする。

2　鶏肉はフライパンに油大さじ1を入れて中火で熱し、表面に焼き色を付けておく。鍋に油とバターを入れて中火で熱し、玉ねぎを入れてしんなりするまで炒め、にんじん、じゃがいも、マッシュルームを入れる。

3　一度火を止めて薄力粉をふり入れ、再び中火で全体を炒めあわせる。牛乳と水を入れ、沸騰して来たら蓋をして野菜が柔らかくなるまで弱火で煮込む。

4　焼いておいた鶏肉と生クリームを加え、焦げ付かないように5分煮込む。仕上げに塩と胡椒で味を調える。ブロッコリーは別に茹でておいて、一緒に盛り付ける。

ポイント

・きのこは、マッシュルームではなくても椎茸、エリンギ、しめじ、舞茸などでも。芋も、里芋を使っても美味しいです。季節のもの、家庭にあるものを活かして。

材料

鶏もも肉　2枚
玉ねぎ　1個
にんじん　1本
じゃがいも　2個
マッシュルーム　4〜5個
ブロッコリー　半分
バター　50g
油　大さじ2
薄力粉　大さじ2
牛乳　250ml
生クリーム　100ml
塩　小さじ1
胡椒　小さじ半分
水　200ml

春菊のサラダ

作り方

1　春菊は冷水でよく洗い、食べやすい大きさに切る。

2　ちくわは斜め薄切りにする。

3　ボウルにゴマ油とレモン汁と塩、醤油を入れてよく混ぜ、そこに春菊とちくわを加えて和える。

4　器に盛って白ゴマをふりかけて、完成。

ポイント

・お鍋に入っている春菊が苦手という人も、この春菊のサラダは美味しいと食べてくれます。食べる直前に和えるのが美味しさのポイント。

材料
春菊　1束
ちくわ　２本
ゴマ油　大さじ2
レモン汁　大さじ2
塩　小さじ　0.5
醤油　小さじ　0.5
白ゴマ　大さじ1

切昆布炒め煮

材料

切昆布（乾）　30g
油揚げ　2枚
出汁　200ml
醤油　大さじ2
味醂　大さじ2
酒　大さじ1
ゴマ油　大さじ2

作り方

1　切昆布を水で戻す。油揚げは食べやすい大きさに切っておく。
2　鍋にゴマ油をひいて、切昆布を炒める。
3　全体に油がまわったところで油揚げを入れる。
4　酒、だし汁、醤油、味醂を入れてぐつぐつと煮る。
5　汁気がなくなる位まで煮たら完成。

ポイント

・油揚げ以外にも、さつま揚げを使ったり、にんじんや大豆を入れてもよく合います。たくさん海藻がとれるメニューです。

鱈の味噌マヨネーズ焼き

作り方

1　鱈は食べやすい大きさに切る。フライパンに油を入れて中火で熱し、鱈に焼き色をつける。

2　ボウルに白味噌とマヨネーズと日本酒を入れてよく混ぜる。

3　耐熱皿に鱈を並べ、その上に2の味噌マヨネーズを塗る。

4　170度のオーブンで10分加熱し、焼き色をつけて完成。

ポイント

・もし生の鱈を使う場合には、焼く前にひと塩してから。季節によっては白子を入れても美味しい。

材料

塩鱈　2切れ

白みそ　大さじ2

マヨネーズ　大さじ2

酒　大さじ1

油　大さじ1

厚揚げの煮物

作り方

1　厚揚げは油抜きして、食べやすい大きさに切る。

2　鍋に、出汁、醤油、味醂、砂糖を入れて火にかけ、ふつふつとしてきたら厚揚げを加え、落とし蓋をして10分煮る。

3　火を止めて、30分くらいそのままにしておき、味を落ち着かせる。

ポイント

・厚揚げはしっかり油抜きをしてから煮るのが美味しいです。出汁だけで煮ても美味しく、青物を添えても相性が良い。

材料

厚揚げ　1枚

出汁　200ml

醤油　大さじ2

味醂　大さじ2

砂糖　大さじ1

コロッケの日

宿をやっていた頃、お客様のお料理は勿論、一緒に働いて一つ屋根の下に暮らすスタッフのご飯を作る事も僕の大切な仕事だった。働き者のけいちゃんはコロッケが大好きだった。じゃがいもはコロッケ一個に対して一つ半、他の具材も入って衣もついて、まるまると大きなコロッケが出来上がる。シンプルだから食べ飽きない味。何かが一段落して、さあまた頑張るかという時、僕はコロッケを作るのである。

献立

けいちゃんのコロッケ
クレソンとお揚げの白和え風
ひじきの煮物
そばむき
わらびの煮物
しじみ汁

アレンジ

コロッケサンド
コロッケカレー

けいちゃんのコロッケ

作り方

1　じゃが芋は、皮のまま丸ごと蒸す。竹串で刺して中まで火が通ったら、皮を剥き、熱いうちにマッシャーで潰す。

2　フライパンにバターを入れて熱し、みじん切りにした玉ねぎを炒め、しんなりしてきたら、ひき肉も加えて炒めます。塩と胡椒を加えて味を調える。

3　大きなボウルに1を入れ、そこへ2を加え、滑らかになるようによく混ぜる。

4　3を大きめに成形し、揚げている時に崩れないように最後にギュッと握ってから、小麦粉、溶き卵、パン粉の順につけていく。パン粉をつけたら最後にまたギュッと握る。

5　油を170度に熱して、コロッケを入れる。菜箸で返しながら色良く揚げる。

6　千切りにしたたっぷりのキャベツと一緒に盛りつける。

ポイント

・大きく成形する事で、周りはさくっと、中はふっくらと仕上がる。成形の時にしっかりと握っておく事が大切。

材料　4個分

じゃがいも　6個
（コロッケ1つに対して
じゃがいも1.5個分が目安）
玉ねぎ　1個
合い挽き肉　200g
バター　20g
塩　小さじ1
胡椒　小さじ0.5
小麦粉　適量
卵　2個
パン粉　適量
揚げ油　適量
千切りにしたキャベツ

クレソンとお揚げの白和え風

作り方

1　豆腐はキッチンペーパー等に包み、重しをして水切りしておく。ゴマはすり鉢で擂り、その中に1の水切りした豆腐も加えて一緒に擂り合わせる。

2　クレソンは食べやすい大きさに切り、油揚げはフライパンで軽く焼き色をつけてから食べやすい大きさに切る。

3　食べる直前に、ボウルで1と2と醤油、みりん、ゴマ油も加えて、よく和える。

ポイント

・クレソンの他に、三つ葉やせりで作っても美味しい。

材料
豆腐　絹　1丁
クレソン　1束
油揚げ　1枚
白ゴマ　大さじ1
醤油　小さじ1
味醂　小さじ0.5
ゴマ油　小さじ1

ひじきの煮物

材料
ひじき(乾)　25g
干し椎茸　4個
油揚げ　1枚
酒　大さじ1
出汁　150ml
干し椎茸の戻し汁　50ml
醤油　大さじ2
味醂　大さじ1
砂糖　大さじ1
油　大さじ1
白ゴマ　適量

作り方

1　干し椎茸を戻す。軸をとり、薄切り。戻し汁はとっておく。

2　ひじきを戻す。油揚げは細切り。

3　ひじきを油で炒め、油と馴染んだら、油揚げと干し椎茸を加えて炒め合わせ、酒と出汁と干し椎茸の戻し汁を入れ、一煮立ちしたところへ、醤油と味醂と砂糖を加えて汁気を煮含ませたら完成。

4　器に盛りつけてゴマをふりかけて頂く。

ポイント

・色々具材を入れるよりも、美味しいひじきをシンプルに煮る事が飽きない味の秘訣。

そばむき

作り方

1　たっぷりのお湯（分量外）でそばの実を10分程茹でてから、5分蒸らし、ザルに上げて流水で冷ます。

2　器に1を入れて出汁を加え、かいわれをのせ、わさびを添えて頂く。

ポイント

・夏の食欲のない時にもさっぱりと頂けます。そばの実も出汁も冷やしておくと一層美味しい。

材料

そばの実　70g
出汁　150ml
醤油　大さじ1
酒　大さじ1
味醂　大さじ1
貝割れ菜　適量
わさび　適量

わらびの煮物

作り方

1　わらびはさっと洗い食べやすい大きさに切る。油揚げも同様に食べやすい大きさに切る。

2　鍋に油を熱して、わらびと油揚げをいれて軽く炒めて、出汁を加え煮立ったら、酒、砂糖、醤油を加えて、煮含めていく。

ポイント

・旬の物を食べる事は次の季節に備える事だと思っています。季節のものをたくさん食べましょう。

・八百屋さんによっては、わらびの灰汁抜きを済ませた水煮の状態で売っていますから、簡単に出来る事は簡単に。

材料
わらび（水煮）　150g
油揚げ　2枚
出汁　200ml
酒　大さじ2
砂糖　大さじ1
醤油　大さじ1

しじみ汁

材料
しじみ　200g
水　450ml
酒　大さじ1
塩　小さじ1

作り方

1　しじみは砂ぬきをして、よく洗っておく。

2　鍋にしじみと水を入れて煮たったら、あくをすくい、酒を入れて、塩で味を整え、火をとめる。

ポイント

・大粒な良いしじみは出汁を用いずとも美味しく仕上がるもの。我が家では茨城県の涸沼産、青森県の小川原湖産のしじみを常備。

材料
食パン　2枚
コロッケ　1個
キャベツ　適量
ソース　少々（お好みで）

アレンジ

コロッケサンド

作り方

1　コロッケを揚げる。

2　食パンは軽くトーストして、片面にキャベツをしき、コロッケを載せて挟む（好みでコロッケにソースを塗る）。

3　半分に切る。

ポイント

・柔らかい食パンとコロッケとの相性は抜群。コロッケをあたためなくても、それはそれで別な美味しさが。

コロッケカレー

作り方

1　野菜はみじん切りにする（フードプロセッサーを使っても）。

2　フライパンにオリーブ油を入れてひき肉を炒める、野菜も全て入れて弱火で炒めます。野菜がしんなりしてきたら、スパイスを加えて、水を加えて、カレーペーストをいれて、煮込む。

3　お皿にご飯とカレーを盛り付けて、最後にコロッケをのせる。

ポイント

・我が家のカレーは朝岡スパイスのカレーペーストがベース。１本あるととても便利。

アレンジ

材料

コロッケ　2個

鶏ひき肉　150g

玉ねぎ　1個

にんじん　3分の1本

セロリ　半本

パプリカ　4分の1個

じゃがいも　半分

カレーペースト

　朝岡スパイスのカレーペースト　大さじ２

　クミン　小さじ1

　コリアンダー　小さじ1

　ターメリック　小さじ1

オリーブ油　大さじ1

水　1.5カップ

ご飯

らっきょう（お好みで）

朝食

子供の頃から朝ご飯はいつもパンだった。

美味しいパンとたっぷりのコーヒー、季節の果物やスープ。

旅館に泊まって、美味しい和朝食を頂いても何だか落ち着かず、喫茶店を探して入りコーヒーを頼んでしまう。いつものスタイルじゃないと一日がはじまらない。朝食は食事というよりも、僕にとっては習慣なのだ。

献立

ミネストローネ
トースト
季節のフルーツ
コーヒー

休日のアレンジ

フレンチトースト

ミネストローネ

材料
ベーコン　4枚
玉ねぎ　1個
セロリ　半本
にんじん　半本
じゃがいも　1個
マッシュルーム　4個
豆（ミックスビーンズ）　200g
トマト　3個（湯剥きしておく）
にんにく　1かけ
オリーブ油　大さじ2
水　600ml
塩　小さじ1
胡椒　小さじ0.5

作り方

1　ベーコンは1センチ幅に切り、玉葱、セロリ、じゃが芋は1センチの角切り、マッシュルームは薄くスライスする。にんにくはみじん切りにして、オリーブ油で炒める。

2　1がしんなりとしてきたら、湯剥きしたトマトをざく切りにして加え、火が通ったら水を加えて、そのまま煮込む。

3　豆を加えて、塩、胡椒で味を整える。

ポイント

・母がよく作ってくれたミネストローネは思い出の味。生のトマトを使う方があっさりとした仕上がりに。冷蔵庫に余っているような野菜を色々加えても。夏ならば、茄子やズッキーニ、冬ならば白菜や蕪を加えたり。じゃが芋ではなく、さつま芋でも美味しい。

休日のアレンジ

フレンチトースト

材料
食パン　2枚
卵　2個
牛乳　200ml
砂糖　大さじ2
果物（オレンジ、キウイ、バナナ）
メープルシロップ
バター

1　ボウルに卵、牛乳、砂糖を加えてよく混ぜてから漉す。
2　食パンをバットにいれて1を注ぎそのまま冷蔵庫に一晩。
3　焼く30分前に冷蔵庫から出して、フライパンにバターを熱し、2を入れて色良くじっくりと焼く。
4　両面に焼き色をつけたら、お皿にのせ、果物を盛り、メープルシロップをかけて頂く。

ポイント
・フレンチトーストはSarõの朝の人気メニューでした。季節の果物をのせて。ブルーベリーやイチゴ、マンゴー、柑橘類や、りんごをコンポートしたものもよい。

坂本美雨×麻生要一郎

お弁当対談

料理するって、自分の居場所を作ること

友達以上家族未満のようなミュージシャンの坂本美雨さんと麻生さん。共通の友人の紹介がきっかけで、お付き合いがはじまりました。「時間ある？ お茶しない？」と美雨さんからLINEが来て、ふたりでカフェでコーヒーを飲みながらおしゃべりしたり、美雨さんが麻生さんの家にごはんを食べに来たり。知り合ってまだ数年ですが、育った環境とか、考え方とか、人生観とか共感するところが多々あって、お互いの人生に必要不可欠な間柄です。爽やかな良い季節に、南青山の友人、土器典美さんが主宰するギャラリー「DEE'S HALL」のテラスで、お弁当ランチを楽しみました。

お品書き

鳥の唐揚げ梅酢風味
焼き魚　鯖粕漬
卵焼き
小松菜煮浸し
切り干し大根
がんも含め煮
瓜塩漬
みょうが甘酢漬け
ご飯　梅

坂本　スダチが良い香り。このお弁当は秋バージョンだね。

麻生　にんじんのツバメも可愛いでしょ。

坂本　うん。要一郎さんらしい。白瓜も入っている。

麻生　白瓜は塩漬けにしました。

坂本　梅酢の鶏の唐揚げ、卵焼き……いつ蓋を開けてもわくわくするお弁当。

麻生　ありがとう。

坂本　私が定期的に開催している「Memories of Shelter」（メモリーズオブシェルター）というライブイベントで、要一郎さんにおにぎり屋さんをしてもらっていて、出演者やスタッフのおにぎりも作ってくれて、参加するみんなに大好評。

麻生　「Memories of Shelter」は美雨さんが毎回ゲストアーティストを招いて、テーマを決めて会場の装飾まで演出をして、その中でおにぎり屋さんをやって欲しいと言ってくれた時、一緒に何かが出来るという事が本当に嬉しかった。会場にお花がいっぱいの時もあったなあ。真っ暗な中に小さな灯りやろうそくの灯火の時も。本当にシェルターみたいだなっていつも思う。

坂本　私自身の子育てがはじまってからは、同じ子育て世代の友人が増えたこともあって、みんなに遠慮なく子供達も連れて来て欲しいから、大人はライブを楽しみながら、子供達は要一郎さんの大きなおにぎりを食べているという普段のライブでは出来ないアットホームな感じにしたくて。

麻生　皆、両手で抱えて食べてくれているもんね。なまこちゃん（美雨さんの娘さんのニックネーム）の保育園の謝恩会のお弁当を作らせてもらったのも忘れられないなあ。

坂本　そうそう。子供達と先生と父兄用。全部で60個用意してもらった。どうしても、先生や父兄、子供達に要一郎さんの作るお弁当を食べて欲しかった。公私共に私の暮らしの様々なところに要一郎さんのごはんが登場している。

麻生　嬉しい。僕の作るごはんが、子供の頃に慣れ親しんだお手伝いさんの味に似ているんでしょ？

坂本　そうなの。そのお手伝いさんのことを説明すると、子供の頃から長いこと我が家で働いてくれた方で、作ってくれるごはんがとても美味しかったの。私、彼女の最期を看取れたんです。最近は彼女のお嬢さんがライブに必ず来て下さって、要一郎さんのおにぎりも毎回食べてくれているよね。

麻生　会場に行くとよくお会いするものね。どこの会場でも静かに美雨さんを見守っている。美雨さんの子供の頃の写真を持って来て下さって、見せてもらったこともあった。

坂本　私は小さい頃から包丁を持たされて、そのお手伝いさんからお料理を習ったの。彼女の他にもう少し年齢が若いアーティスト風なお手伝いさんもいて、彼女からはおばあちゃんぽいごはん、もう一人からは独創的なごはんを作ってもらっていた。教えてくれる料理の内容もそれぞれに特徴があって、彼女には煮物やキャベツの千切りなんかを教わって、もう一人からはお酢とオイルとお醤油を同量で混ぜたらドレッシングになるからとか、ベーシックなことを教わって、それが今も役に立っているね。

麻生　美雨さんにとって彼女たちが料理の原点なんだね。

坂本　そうね、9歳でＮＹに引っ越してからは、母（ミュージシャンの矢野顕子さん）が家で仕事していたから、一緒に料理をすることもあった。自分でレシピを探して、一度何かにはまるとずっと作り続けたりして。

麻生　それは高校生くらい？

坂本　中学生くらい。豚肉と大根の煮物とかパンプディングにはまって、そればかり作っていた時もあった。母が長い間、日本に行くこともあったから「自分で出来るようになりなさい」とよく言われたなあ。

麻生　お母さんにはどんなお料理を習ったりしたの？

坂本　「スープを作れるように」と教わって、ソーセージとかハムとかお肉系のものに色々なお野菜を入れたら、美味しいスープになるんだから、それを作っておけば大丈夫って。だからスープはよく作った。

麻生　スープは美味しいし栄養も摂れるしね。僕も母親が留守の時にお腹がすいちゃって自分で作ろう！　と思って。

坂本　何を作ったの？

麻生　チャーハン。母方のおばあちゃんが料理上手で、中華屋さんとおうちの中間という感じのチャーハンをよく作ってくれて、それが好きで、簡単そうだし、真似て作ったんだ。当時ピーマンが食べられなかったんだけど、それを知っていたおばあちゃんは小さく刻んで入れてくれていたの。食べさせようと思って。だから僕も、嫌いなのにピーマンもちゃんと刻んで入れて、でもフライパンの取っ手の鉄の部分を触っちゃって火傷したわけ。帰って来た母が「火傷しちゃったのね、じゃあ違うフライパン買ってあげるね」と言って、心配してくれて新しいのを用意してくれた。

坂本　いいお母さん。

麻生　勝手に火を使って叱られるかなと思ったけれど、「料理していいんだ」と新しいフライパンで公認を得て、それからたまに作るようになっていったんだよね。

坂本　何歳くらいの時？

麻生　小学校低学年の頃かな。特にレパートリーが増えるわけではなかったけれどね。手伝うと言って母と一緒に台所に立つ機会も多くなった。それから料理本ブームが来て、いろいろな本を買ってもらって、創作意欲から料理の幅が広がっていった。その頃、父が亡くなって、父の経営していた会社に母が行くようになって暮らしが変わって行った。慣れない仕事で、疲れ果てて帰って来るでしょ。僕はまだ学生で役に立ちたいけれど、何も出来なくてね、だから学校から帰って来るとごはんを作って待っていたんだ。

坂本　息子がごはん作って待っていてくれるなんて、お母さん嬉しかったろうね。

麻生　そう思うでしょ？　それが、うちの母は美味しくない時は「ごめんね、今日お昼が遅かったからお腹いっぱいなの」ってすっと箸を置くんだよ。

坂本　すごい（笑）、伝え方が粋だね。息子であろうと、絶対に妥協しないんだね。

麻生　作ってくれた事には感謝してくれるけれど、ここが悪かったって指摘をされないから、魚の臭みが残っていたのかなあとか、自分で考えて次に活かすことの繰り返し。でもそこで色々言われていたら、料理をしなくなっていたかも知れないね。

坂本　すっと返されるって、やっぱりすごいな。

麻生　すごいよね。うちの母はお味噌汁よりもミネストローネとか洋風なスープが好きだったから、僕が今お弁当に詰めている様な切干し大根なんてものは煮てもらったことは一度もなかった。

坂本　どこで覚えたの？

麻生　自分で色々考えたんだよね、本とか読んで。東京の新島という島で「カフェ+宿Saro」という宿をはじめて、宿泊するお客様に出す料理を作るようになって、そこに馴染みの良い料理を考えたら、乾物を使うとか、昔からの家庭料理に行き着いた感じかな。

坂本　お弁当に入っている、ほっとするこの味付け好きだな。

麻生　たまに母と買い物に行って、切干し大根を買うと、それを私の車に乗せるの？　という顔をして「匂いが出るからよくビニールで包んでね」って言われたっけ。母はひじきとかは煮てくれたけど、切干し大根には無関心だったなあ。

坂本　そんな子供時代だったんだね。

麻生　美雨さんはお母さんにごはん作ってあげるシチュエーションってあった？

坂本　娘が生まれてから我が家に来てくれて

「ごはん食べていく?」みたいなことが二度位あったかな。喜んで食べてくれたけど、ナムル仕立てのにんじんの梅和えを作ったとき「私は歯の治療中で、痛くて食べられない」って言われたな。千切りにしても硬かったみたい(笑)。

麻生　そういう事って記憶に刻まれるよね。

坂本　お母さんのタイプが似ているからすごく共感する事が多いなあ。お母さんって感じじゃなくて、いつまでも女性。しかも強い。機嫌を伺うときもあれば、サポートしなきゃと思うこともあるし、認められたいとどこかで願ってたりもする。お父さんの存在より大きかったかな。

麻生　確かにそうかも知れないね。知らず知らずのうちに家族から影響を受けているんだよね。

不思議なめぐり合わせのお二人。坂本さんは日本中の誰もが知る著名な両親を持ち、一方麻生さんも地元で知らない人はいない会社の跡継ぎとして育ち、話は過去に溯り…。

麻生　ご両親が有名人で大変なことってあった?

坂本　大変というか、緊張感がある時はあったかな。東京に住んでいた小学生の頃、父(音楽家の坂本龍一さん)がアカデミー賞を受賞したり、マスコミに取り上げられることが多くなって、家の場所が判ってしまって、知らない人が家に来たり、脅迫電話みたいなものも。それでも昭和の時代だったから、今のようなネットで情報がどんどん拡散されてしまう感じとは違っていたけれど。

麻生　それでＮＹに移ったの?

坂本　親の気持ちとしてはそれもあったのかも知れない。窮屈だったのだと思う。

麻生　窮屈さみたいなのは我が家にもあったかな。水戸に住んでいたのに、子供の頃の海水浴はわざわざ葉山や下田まで行っていて、車でちょっと行けば近くに海水浴場があったのに、なんであんな遠いところまで行くんだろうとずっと子供心に思ってた。

坂本　うん、うん。

麻生　自分が家の会社に入ってから、地元はとても小さな社会で、行く先々で知り合いと会うことになっちゃうから、海水浴といっても気が抜けない、仕事の延長みたいな感じになるのが嫌だったんだろうなあということがようやく分かった。

坂本　要一郎さんは建設会社の跡取りの立場を手放し、島で宿を切り盛りする時代があって、養子になって麻生と名前が変わり、本当にすごい人生。最初聞いた時は意味が分からなかったもの。

麻生　まあ、あんまりないよね。

坂本　でももう名前が落ち着いているもんね。麻生要一郎って。だから運命を感じる。前の苗字は何だっけ？

麻生　高野。高野要一郎。久しぶりに口にしたら自分でも違和感あるね。

坂本　麻生要一郎が合っているよ。

麻生　会社を離れた時点で、もう高野家とは交流がなかったから、名字が変わるという事の執着はなくて、なんだか新しいスタートが出来そうだって思ったんだ。麻生要一郎って紙に書いてみたらすごくしっくりきて。自分でも驚いた！

坂本　うん。麻生顔だもの。

ひとつひとつの食材を美味しそうに幸せそうに味わう美雨さん。ご飯粒ひとつ残さずに完食です。都会のど真ん中とは思えない緑の中で鳥のさえずりも風がそよぐ音も聞こえてきます。お茶を飲みながら、まだまだお喋りは続きます。

麻生　宿をやっていた時には庭も広く木もたくさんあったから、鳥のさえずりや、風の音とか、お客様やスタッフの気配そのもの生活の音が僕にとっての音楽だった。今は、美雨さんの歌を聴きながら料理をしているよ「おだやかな暮らし」とか「星めぐりの歌」を聴きながら料理すると美味しく出来る気がするもの。口ずさんだりしながら。

坂本　ありがとう。私は料理する時は何も聴かないの、昔から。意外に思われるかも知れないけれど常に音楽をかけている家じゃなかったのよね。音楽が環境音にならないというか、音楽と２人きりになりたいからヘッドフォンで聴いたりする。料理も、作る事だけに集中するタイプ。

麻生　そっか、意外な感じもしたけど、集中している姿、思い浮かぶ。最近はどんな料理が好き？

坂本　何かな？　何でも煮込めば美味しい、そんな料理かな。ただし、基本の調味料にはこだわっていて、ある程度品質の良いものを揃えておけば味は良いところに落ち着くよね。

麻生　そうだね。

坂本　お酒も砂糖もそんなに使わないんだけど、味醂はお酒の風味と味醂のうまみを合

わせ持ったような「味の母」を使って、お醤油は良い物をと井口醤油を長く愛用しているの。でも鮮度が保たれるという意味では、酸化しないタイプのボトルでよく流通しているお醤油を使ってみたり。

麻生　品質の良い調味料だと少しでも満足感が出るよね。油は何を使っているの？

坂本　ごま油かオリーブ油、ギーを使ってる。

麻生　そうなんだね、ギーは興味があるけれど、我が家だとなかなか登場の機会がなくて。ごま油とオリーブ油はよく使う。お仕事もして、お料理もちゃんとして、子育ても頑張っていて、美雨さんは偉いなあ。

坂本　いやいや、きらびやかなことは何もできないから。これからはデザートを作ってあげるとか、子供が喜ぶこともしてあげたいけど、結局おやつは買うよね。

麻生　なまこちゃんの将来が楽しみだね。お母さんの存在は大きいから。僕はね、母が亡くなったら出家しようと実は思ってたんだ。

坂本　それは以前聞いたことのあった、お母さんがお世話になっていた御住職のお寺？

麻生　そう。その御住職とはとても縁があって、母がお手伝いに行っていたんだけど、闘病中に母の代わりで週二回くらいお寺を手伝っていたんだ。そしたら「要一郎君は住職という仕事にむいている。仏の道に進めばお母さんも安心するのでは」と言ってくれて、それも良いかなと思っていた。でも母が亡くなった時、何人もの友人達が仕事を休んで家に泊まり込みで来てくれて支えてくれた。闘病中って孤独になるでしょ。こんなに僕を思ってくれる友達がたくさんいるのに、出家している場合ではないよなあ、少し大袈裟だけど「生きなきゃっ」と思い直したの。

坂本　とても要一郎さんらしいな。

麻生　それで出家する話はお断りしたんだけど、近所の花火大会の日に食材の買い物に行きそびれちゃって、ネコのチョビと2人でちょっと侘しい感じでごはんを食べていたら何だか悲しい気持ちになってね。僕の作るごはんは、決して派手なご馳走ではなかったけれど、宿に来るお客様が美味しいってとても喜んでくれた。海を越えてたくさんの人がやって来てくれた。友人たちや一緒に働くスタッフ達とも毎日食卓を囲んだ。嬉しい事も、悲しい事も、包み込むように、そういう食卓をこれからも提供して行きたいとその時改めて思ったんだよね。

坂本　私も夢の一つは寮母になること。お盆や年末年始に実家に帰れない大学生の為の寮のお母さんをやりたいと思う事がある。たくさん豚汁を作る様な大きな鍋が欲しいのよね。

麻生　なんでそう思うようになったの？

坂本　なんでだろう？　大量の豚汁とか好きなんだよね。母も友達を呼んで持ち寄りのパーティをよくしていたから、振る舞うことが小さい頃から習慣的にあったことは大きいかな。やっぱり誰かがごはんを食べてくれると言うのは、自分の居場所があるってことじゃない？。

麻生　それはあるかもね。

坂本　自分の居場所づくりだよね。

麻生　その家で音だけ聞いていた花火大会の夜に、ごはんを作りたいと思ったもの。ごはんを作る人がいて、それを美味しいと食べる人がいる、みんなのごはん。

坂本　それは自分の家族だけでなく、いろんな人がいて欲しいというイメージがあるな。

麻生　うんうん。

坂本　欲を言えば「子ども食堂」もやりたい。一昨年から子供の虐待を減らす活動をしていて、いろんな虐待のケースを見ていくと、料理の種類やおかずを知らないの。里親が決まって「今日何が食べたい？」と子供に聞いてもぽかーんみたいな感じらしいの。白いご飯しか分からなくて「カレーライスって何？」って聞く子もいるとか。

麻生　そうなんだね。なんだか色々作ってあげたくなっちゃう。そうやって誰かと一緒に食べることの喜びを積み重ねていったら、きっと良い家族になっていくね。食べることと心は繋がっているね。

坂本　絶対に繋がりはあると思う。

麻生　ごはんをちゃんと食べることは心を育てるんだよね。

坂本　食べたものがそのまま体になり心になるわけだから。

麻生　日々の食は本当に大事だね。

坂本　今日のお弁当も本当に美味しかったー。私もこれでまた頑張れる気がするよ。

坂本美雨
さかもとみう　ミュージシャン

東京生まれ。十代をニューヨークで過ごす。'97年Ryuichi Sakamoto featuring Sister Mで「The Other Side of Love」歌手デビュー。'99年アルバム「Dawn Pink」で本格的に音楽活動を開始。'14年結婚、'15年に長女誕生。'16年聖歌隊「CANTUS」とレクイエム「pie jesu」配信。'18年「かぞくのうた」配信リリース。'20年、おおはた雄一さんとのユニット「おお雨(おおはた雄一＋坂本美雨)」待望のファーストアルバム「よろこびあうことは」をリリース。また児童虐待防止活動「#こどものいのちはこどものもの」を発足。音楽に留まらず、作詞、翻訳、俳優、文筆など、マルチな分野で活躍する。TOKYO FM『坂本美雨のDear Friends』にMCとして出演中。大の愛猫家で知られ、著書に「猫の吸い方」(幻冬舎)。

Twitter ネコ吸い 坂本美雨(@miusakamoto)
オフィシャルブログ「のらネコよ、ちょっとお寄りよ」

坂本美雨さんにお会いして

『ネコの吸い方』という本を美雨さんが出版した時、僕は一人の猫愛好家として、その本を書店で購入し、家に帰ると早速マニュアルに従って、チョビを想う存分吸ってみたのである。チョビは嬉しそうにゴロゴロ言っていた。

それから何年かして、美雨さんとこんなに親しくなるとは思いも寄らなかった。娘のような存在であり、気軽に会える友人でもあり、良き理解者であって、大好きなアーティストでもある、掛け替えのない存在。

おお雨（おおはた雄一＋坂本美雨）の新しいアルバム「よろこびあうことは」を、緊急事態宣言が明けた街を車で走りながら聴いた時、緊張が緩んで思わず涙がほろりとした。人の心にしなやかな勇気を与える歌の力、そし安心感をもたらす彼女の声の力を感じた。窓を開けて、街を行き交う人々にも聴かせたいような気さえした。

この対談をした時には、世界中でマスクや消毒液が必需品となるような日々が来るなんて思いも寄らなかった。それを予見したかのような、彼女の「よろこびあうことは」という歌にはたくさんの愛と希望が詰まっている。これからも誰かの心を優しく包み込むような歌を届けて欲しいと思っている。

買い出しの日

お弁当を作っている話をすると、姉妹が人形町へ連れて行ってくれた。

「ここのがんも、お弁当に使ったら良いじゃない？」と双葉へ、

「鶏肉ならここで買うのが良いわよ、鶏の捌き方が綺麗なのよ」と鳥近へ、

「うちのパパはここの牛肉しか食べなかったのよ、ご贔屓っていうのはされるのもするのも大切よね」と日山へ。

最初の頃は、三人で腕を組んで買い物に歩いた事もある。やがて、姉妹の体調もあり、僕が一人で行くようになった。人形町で買ったものを届けると顔が綻ぶ。馴染みのお店を作る事は、味だけではなく、家族の絆にもなる。

大金星

スーパーにはない、話しながら肉を選ぶ楽しみ

日山人形町本店

ずらりと並んだお肉の中から僕が選ぶのは、牛肉の切り落とし、ステーキ用、ローストビーフ用、そして豚肉の切り落としや、トンカツや味噌漬けにしようするロース。そして大切な方への贈り物。種類もたくさんあるし、はじめは戸惑うかもしれませんが、お店の方に相談しながらお肉を選ぶのは慣れたら楽しいもの。勇気を持って暖簾を潜ってみて。

日山人形町本店
東京都中央区日本橋人形町2-5-1
電話番号　03-3666-5257
営業時間　月〜土 10:00〜19:00
日･祝 10:00〜18:00無休
(年末年始休みあり)
1912年創業。目利きによる仕入れと職人の熟練の技で、確かな品質の牛肉が揃う。対面販売接客できめ細やかな対応は他にはないお肉選びを体験できる。すき焼割烹「日山」を併設。

お弁当で人気の鶏唐揚げの肉はここから

鳥　近

僕が必ず選ぶのは唐揚げ用の朝切鶏もも肉、色々と活躍するひき肉、それから新鮮なレバー。食欲がない時には、ここのささみをくずうちにするのも良い。焼鳥コーナーも忘れずに、僕が好きなのはレバー、ハツ、砂肝。名物の甘くジューシーな卵焼きもオススメです。年末には店員さん総出、予約必須、山積みになってまさに飛ぶように売れて行く卵焼き。近年僕にとっては、その光景が年末の風物詩。

鳥近
東京都中央区日本橋人形町1-18-6 人形町鳥近ビル 1F
電話番号　03-3666-3600
営業時間　8:00〜18:30
定休日／日曜・祝日
大正時代から続く「鳥近」はテイクアウトの鶏肉専門店。ねぎま・正肉・つくね・なんこつ・はつなど焼鳥も人気。秘伝のダシを加えた甘くジューシーな玉子焼きも有名。

すべてが自家製の美味しさのお豆腐屋さん

双　葉

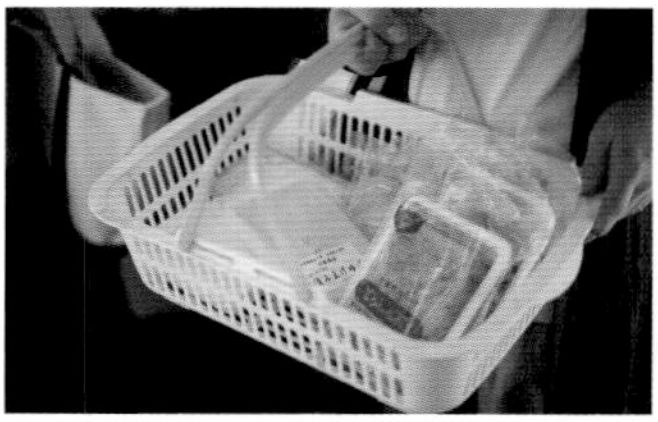

がんも、お揚げ、豆腐を買いに出かけるのですが、がんもと言っても、こちらには数種類。名物のジャンボがんもどき、野菜のがんも、銀杏がごろごろ入った銀杏がんも、栗がんも。その中で、僕が好きなのは銀杏がんも。手作り感のある油揚げも専門店ならでは。豆腐も種類がたくさんあるので、自分の好みを見つけるのも楽しい。ちょっと一休みに、甘酒も。

とうふの双葉
東京都中央区日本橋人形町2-4-9
電話番号　03-3666-1028
営業時間　月〜土 7:00〜19:00
日 10:00〜18:00　年中無休
明治創業。厳しい大豆選びから、大豆そのものの甘さを引き出す製法で飽きのこない豆腐が揃います。がんもどきはジャンボがんもをはじめ、銀杏がんも、栗がんも、野菜がんなど、すべて丹精をこめた手作り。

eatripのおいしさが詰まっていて毎回発見が

eatrip soil

行くたびに色々な発見があるのもeatrip soilに出かける楽しみの一つ。朝の食卓に欠かせない、蜂蜜やピーナツバター。eatripの美味しいアンティパストやパン、おやつも購入出来るのが嬉しい。日々の食卓で活躍している、菌ちゃんげんきっこ、やまくにのいりこだし、寺田本家のうふふのモトもお気に入り。テラスに広がる畑と土の感触と都心の眺望はまさに都会のオアシス。

eatrip soil
渋谷区神宮前5-10-1表参道GYRE 4F
電話番号　03-6803-8620
営業時間　12:00-19:00
定休日／月曜
料理人の野村友里さん主宰のレストラン「eatrip」のグロッサリーショップ&シードクラブ。採れたて野菜やパンなどこだわり食品だけでなく、器や本も並びます。

角田光代さんと、鍋の日

飲み会では、上っ面ではなく「本当のこと」を話したいんです（角田）

角田さんには、何もかも包み隠さず話している気がする（麻生）

だから、２人は大切な飲み友達（角田）

御品書き

鴨鍋

鮪のぬた

オリーブ

砂肝のコンフィ

モンドールチーズ

かんぱちのカルパッチョ

カキのオイル煮

作家の角田光代さんとは、英治さんの編集者時代のご縁で、ご主人の河野丈洋さんと四人で定期的に食卓を囲んで乾杯する間柄。
今夜は麻生の冬の定番、鴨鍋を囲みながら。

麻生　こんにちは。お久しぶりです。今日はとても楽しみにしていました。

角田　わあ、すごい大荷物。カセットコンロまで持って来てくれたんですか？　大変でしたね。

麻生　以前お話をした鴨鍋用に、カセットコンロと土鍋も抱えて来ました。

角田　我が家で食べられるなんて嬉しいです。

麻生　お会いするのは半年ぶりくらいですかね？

角田　前回は七夕の日だったね。

英治　そうそう。4人で短冊を書きました。

角田　麻生さんと英治君は美しいことを書いて、私たち夫婦は黒いことを書いたんだ（笑）。

麻生　僕は麻生、林下、それにお店が移転オープン間近だった友人の森君の漢字を取って、「麻」「林」「森」って書いた。それぞれ名前の中に木があったから。一字ずつとって。

角田　ずっと仲良く、うまくいきますようにってことだったね。美しいじゃない。私たち夫婦は「本が売れますように」「映画の音楽が……」とか、俗っぽいことを書いた。以前、神事に詳しい友人から「燃やしたら実現する」と聞いていたので、そのあと短冊を燃やして。

英治　短冊に願い事を書くのも久しぶりで、すごく盛り上がった。今日は丈君（河野丈洋さん）がいらっしゃらなくてとても残念だけど。

角田　彼は今、音楽制作のカンヅメ時期で、私も10日近く会ってない（笑）。

麻生　あの日は角田さんに近所の美味しいお料理屋さんのテイクアウトをして頂いて。

角田　麻生さんに私の料理を出す自信がなかったから（笑）。初めてお二人の家に遊びに行った時、順番に懐石料理みたいに出てきて、ちょっとびっくりした。西京漬けみたいなものが出てきて、最後は鴨のお団子のお椀。全部美味しかった。

麻生　ありがとうございます。角田さんのエッセイを読んだり、小説でもお料理の描写が細かかったりするでしょう、だから角田さんも料理がお好きなんだ、お料理を食べてもらうの緊張するなあと思って。

角田　いいえ、もう料理好きとか言わなくなりました。全然レベルが違うから。私ね、スーパーは絶対に行かないんです。この街は商店街がなかなか充実していて、いつも買い物は専門店でしていて、一軒とても良い八百屋さんがあって野菜はそこで買うんです。

麻生　商店街が近くにあるっていいな。

角田　ある時、よく行く複数の飲み屋さんの店主が、みんなその八百屋さんで買っていることがわかって、唖然としました。

麻生　え、なんで？

角田　同じお店で買っていて、彼らの料理はあんなに美味しいのに、私の料理はなんで普通なの？　って思って。それは彼らがプロだから当然なんだけれど、あまりの差に衝撃を受けて、それからは「料理が好きです」とか「料理を作るのが好きです」だとか一切言いません（笑）。

英治　ストイック！

角田　麻生さんの料理も、私が作る料理とは全然違うものだと思うの。昔から飲み会が好きだから、20代の頃は友達が来たら、全部自分で作っていたんですよ。若い時はみんな何でも食べてくれるじゃないですか。この家も飲み会をするために作った家なので、よく人を呼ぶし、何かしら作りますが、メインは買って来たりします。残されると傷つくから。それこそ締めには出前のお寿司を頼んだりします。みんな絶対食べてくれるし、飲めない人でもつまめるから。

麻生　それも楽しそうでいいですね。角田さんと河野さんが揃うだけで楽しいから近所に引っ越して来ようかなあ？

角田　いつでも私は飲みたいし、いつでもうちに遊びに来て欲しいし、呼んでもらったらいつでも行くけど、麻生さんたちは忙しいから、きっとしょっちゅうは一緒に飲んでくれないと思う（笑）。

持参した大荷物の中から食材や器、ダイニングに繋がったキッチンで楽しく準備がはじまります。

角田　料理の下に敷くこういう葉っぱ類はどこで買うんですか？

麻生　これはうちの庭に生えているのを抜いてきました。

角田　あのジャングルのような庭？

麻生　そうそう。これは取りやすい位置に生えているから簡単に取れるけど、他の葉っぱはジャングル過ぎて取れない（笑）

角田　こっちは何？

麻生　クレソン。

角田　クレソン!!　なんて立派な。

英治　確かに。葉っぱの部分が大きいね。

麻生　これは伊勢丹新宿店地下の野菜売り場で買いました。

英治　僕は料理しないからデパ地下は行った事がなかったんだけど、要一郎さんと一緒に行くようになって、たまに一人でも行きます

が、楽しいですね。

角田　楽しいですよ。

英治　でも僕が選ぶと失敗しそうな気がして、一応聞いてから買うようにしています。

角田　変な物買って来られても困るわよね。

麻生　そう。一時、とびっこにはまってよく買って来てた。

英治　この前筋子が半額になっていて、つい買ってしまったけど、味がいまいちだったね。

麻生　長く置いておけるものには調味料や添加物をたくさん使ったりするから、自然な筋子の味を知っている人は違和感があるんだよ。家で作るのがいちばん。

角田　作ると自分の好きな味にできる。甘みを抑えたり、わさびを足したりとか。

おしゃべりを楽しみながらも料理が仕上がり、1品ずつ美しく盛り付けられて、テーブルにどんどん並びます。

角田　食べていいですか？　お先に頂きます。美味しい。このぬた。何で出来ているんですか？

麻生　白味噌と味醂と砂糖をよくまぜて、鮪とねぎと和えました。

角田　わあ、これも！　砂肝をどうしたんですか？

麻生　1時間くらいオリーブ油でコンフィしました。味付けはにんにくと塩、黒胡椒だけ。

角田　だけ？　すごく美味しい。瓶詰にしたら売れますよ！　それに器もステキ。メニューに合わせて、器まで持って来てくれたなんて。

麻生　夜逃げみたいに(笑)

角田　何かが面倒だとか思わないんですか？面倒臭いことってありますか？

麻生　なんでしょうね。準備をしている時に面倒だなとはもちろん思うんだけど、それが嫌だなあとは思わないです。

角田　すごい。私は面倒な事、イコール嫌な事。私はもやしのひげ根を取るのは面倒臭いから絶対に取らないんです。

麻生　それは確かに。自分用であればそれは面倒臭い。だって、ひげを取ったからと言って、「もやしが感動の美味しさ」にはならないよね？　取った方が丁寧かも、というくらいだったら取らなくていい。それくらいかな。

角田　わかるわかる。

麻生　よくSNS投稿を見ている方から、何品も作るのは面倒臭くないですか？　という質問があるんだけど、それは面倒だとは思わないですね。

角田　私もそれは面倒臭くないですね。

麻生　2品だと寂しいと思ってしまうし、もうこれでいいや、とするよりも、もうちょっと頑張る。うーん、頑張るということでないけ

れどその方が気持ちいい。

角田　面倒臭いよりも、おかずが少ない方が辛い感じがある。

麻生　うん。そうなんですよ。やっぱり食卓には色々並べたい。

角田　でも私は食器を持って行くことは面倒だと思ってしまいます（笑）。グラスまで持ってきてくれて、しかも忘れ物がないってさすがです。

すっかり辺りは暗くなり、リビングにほんのり灯った優しいあかり、心地よい音楽、気持ち良さそうにのびをしている角田さんの愛猫のトト、そして部屋の中にはお鍋の出汁の良い香りが広がって、待ちに待った特製鴨鍋がテーブルに登場しました。

麻生　鴨は火を入れすぎると硬くなってしまうから、このピンク色が少し残っているくらいが食べどき。まずはそのまま食べて下さいね。

角田　わあ、柔らかくて美味しい。これは出汁に味が付いているんですか？

麻生　昆布出汁だけです。

角田　鴨からも良いお出汁が出てるんですね。

麻生　最初に鴨のつみれを入れることで鴨の出汁もかなり出ているんです。さらにねぎの風味も一役かっていると思います。

角田　本当に美味しい。

麻生　徐々にポン酢や山椒、七味で味をお好みに変化させて下さいね。鴨肉とクレソンのお鍋はそもそも英治さんのリクエストで作り始めました。

英治　出版社に勤めていた頃、脚本家の筒井ともみさんがよくご飯に呼んで下さって、そのとき鴨肉とクレソンの「失楽園鍋」を作ってくださったんです。

麻生　「失楽園」の中に出てくるんだよね。

英治　筒井さんが映画版の脚本を手掛けられ、お話の中に登場させたお鍋だと教えてもらって、美味しくて感動したんです。それを要一郎さんにリクエストして再現してもらって、それ以来友達が遊びに来た時などによく作ってもらうようになりました。

角田　きっと麻生さんのアレンジも加わっているのでしょうね。すごく滋味深い。出汁だけって怖いから、普通何か入れちゃうじゃないですか。お醤油とか。

麻生　出汁だけで仕上げるの結構好きなんです。素材が本当に良ければ出汁だけが一番美味しい。

角田　出汁だけって信じられないです。白ワインが合う。

英治　これは、麻生のお姉さんからもらってきた23年前のワインです。白ワインなんですけど、オレンジワインみたいになっている（コルクの大変な劣化に手こずりながらも、開栓）。

角田　何かになろうとしているけど、おいしいですね。

麻生　色や香りが紹興酒みたいともいえるね。

英治　いつもご夫婦で飲んでいらっしゃるんですよね？

角田　夫婦でいつも飲んでいますが、最近は夫が忙しくて、時間がすれ違っています。私は9時から5時まで仕事場に行きますが、夫は昼頃起きてくるので。

麻生　角田さんは規則正しく生活していらっしゃるんですよね。

角田　そうですね。朝7時、昼12時、夜7時、に食べると決めてますが、夫がカンヅメの今はほぼ1人で。朝は自分で作る果物と葉っぱのジュース、昼は仕事場で簡単なものを作って、夜は好きなものを3品くらい作って飲みながら食べています。

英治　自分のために作るって素晴らしい。

角田　うちは麻生家と違って、食の好みが全然合わないから、一人の方が自分の好きなものを食べられるの。

麻生　角田さんの好きな物って何ですか？

角田　チーズ・クリーム・アボカド。そういうものが好きなんですよ。あと、マヨも。夫はそういうものは食べないから、1人のときはすべてにチーズが（笑）魚卵も好き。

麻生　これから魚卵にはいい季節ですね。

角田　あ、赤ワインのままでいいですか？違うの出しますね。

タイミングよく、角田さんの好きなチーズも登場。

角田　昨年英治さんがお店を再開し、麻生さんも本を出す……乾杯した？

英治　はい。２人で乾杯しました。この前我が家に来て下さったとき、何か良い事があったら必ず乾杯するというお話を聞いてから、我が家も見習って乾杯するようになりました。

麻生　そうそう。

角田　最近はまた変わったことが起こったり、不思議なことがあった？　不思議なことが起こりやすい２人なので。

麻生　不思議なこと……。確かに。

角田　麻生家のお姉さま方の養子になったいきさつなんて、じつに不思議なお話。ドラマティックなストーリーを隠さず話してくれて、実に感動しました。普通に考えたらあり得ないことがこの２人には現実に起こるからね。

麻生　本人にはあまりそういう自覚がないのですが、不思議な事が起きても、僕達は普通に受け入れて、淡々と暮らしています。

角田　うん。淡々と話してくれるしね。私もですけど、夫も、この２人も、飲み会では上っ面のことを話したくないんですよ。上っ面というか、たんなる世間話的なこと。

麻生　何も隠さず話している気がする。

角田　本当に向き合って話したいんです。「神はいるか」など、そういう大げさな議論ではなくて、さっきの話じゃないけど何が面倒臭いとか、何に怒ったかとか、そういうことでも良いんです。

英治　上っ面で話す人って、いますね。

角田　それが私はダメなんですよ。真実を、何が面倒なのか何に怒ったのか、この2人は本当のことを言っていると分かります。そうじゃないと一緒に飲んでる意味がないと思うんです。だからこの2人と飲んでいると本当に楽しくて、また飲みたいと思ってしまうんです。

麻生・英治　そう言って頂いて本当に嬉しいです。ありがとうございます。

麻生　鍋の中に鴨のお出汁がよく出ています。そろそろ生クリームとご飯にパルミジャーノを加えて、鴨のリゾットにしましょうか。

角田　じゃあワイン変えてもう1度乾杯しよう。良いことがあったらちゃんと乾杯しないと！

角田光代
かくた みつよ　作家
1967年神奈川県生まれ。1990年『幸福な遊戯』で海燕新人文学賞を受賞しデビュー。『まどろむ夜のUFO』で野間文芸新人賞、『対岸の彼女』で直木賞、『八日目の蝉』で中央公論文芸賞、『紙の月』で柴田錬三郎賞など、受賞多数。『新訳　源氏物語（上・中・下巻）』も話題に。食にまつわるエッセイにもファンが多く『今日もごちそうさまでした』『もう一軒だけ飲んで帰ろう』（河野丈洋氏との共著）などがある。近著は『銀の夜』（光文社）。

角田光代さんにお会いして

僕は自分の感情をひと先ず脇に置いて、人や事を執り成すような生き方をしているので、配慮に配慮を重ねた結果、自分の本音をどこかへ仕舞い込んでしまう事がある。

しかし、角田さんと話していると、すっと本音が引き出される。そして帰り道は胸の閊えがとれて清々しい気持ちになる。それは対談にもある通り、角田さんがどんな小さな事でも自分の気持ちを正直に話してくれているからに他ならない。僕はこんなに正直な人を他に知らない。

ある時、角田さんが「二人の事をエッセイに書いたから」と言ってくれた事があり、どんな内容なのかと発売日に楽しみに雑誌を開くと、休日ごとに車で道の駅に行っては野菜や植木を買っている友人がいるという事で登場していた。それについて「私はこのとき、今まで感じたことのない、非常に強い感情に揺さぶられた。」とあった。確かに話した時も驚いていたけれど、そんなに衝撃を与えていたとは思いもしなかった。

それ以来「道の駅」に一緒に出かける事が叶いそうで叶わない小さな夢である。道の駅で買った食材をどこかで一緒に料理して乾杯するのも良い。忙しいかな、カンヅメかな、そんな小さな遠慮を重ねていると、いつまでも行けないままになってしまうから、今度会った時に四人で日程を決めましょう。

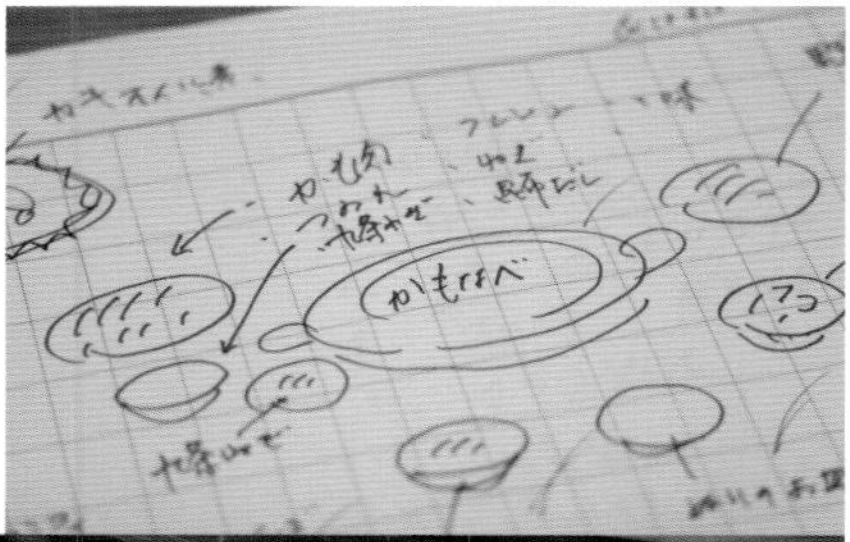

鴨鍋

材料
鴨肉　ロース　400g
鴨肉　つみれ　200g
クレソン　2束
長ねぎ　2本
生麩
よもぎ　1本
粟　1本
出汁　600ml（昆布）
酒　50ml
山椒　七味　ポン酢はお好みで

作り方

1　鴨肉は少し厚めにスライスする。クレソンは食べやすい大きさに切り、長ねぎは厚めにスライスする。生麩も食べやすい大きさに切る。

2　鍋に出汁と酒を入れて、沸いて来たら塩を入れる。

3　生麩と長ねぎを加えて、煮立ったら鴨のつみれを入れる。火が通って来たら鴨肉を入れて、クレソンも加えて。

4　とり分けて、最初はそのままで、その後、ポン酢を入れたり、山椒や七味を入れたりしていただく。

ポイント

・鴨肉は煮込みすぎると硬くなるので、火が通ったらすぐ頂きましょう。締めにはお蕎麦を入れても、風味を変えて生クリームとご飯を入れて最後にパルミジャーノを加えてリゾット風に頂いても、鴨の出汁がしっかりときいていて美味。

鮪のぬた

作り方

1　鮪はよく水気を拭き取って食べやすい大きさに切り、醤油であえておく。九条ねぎを熱湯でさっと茹でてそのまま冷まし食べやすい大きさに切って冷やしておく。

2　白みそ、みりん、砂糖、酢を混ぜ合わせる。

3　1と2を合える。

4　器に盛り付けて柚子を散らす。

ポイント

・それぞれを同じ温度にしておく事が味の決め手です。

材料
鮪　200g
醤油　小さじ1
九条ねぎ　5〜6本
白みそ　大さじ1
味醂　大さじ半分
砂糖　大さじ半分
酢　大さじ1
柚子　お好みで

オリーブ

小豆島の新漬けのオリーブは見つけると常備しておきます。そのまま食べても、フェタチーズと和えたり、サラダに入れても美味しい。

砂肝のコンフィ

作り方

1　砂肝を塩、黒胡椒と和えて、にんにくは薄皮を剥いておく。

2　厚手の鍋に1とかぶるくらいのオリーブ油を入れて、ローリエも加え火にかける。

3　沸いて来たら弱火にして、蓋をして1時間ほど煮る。

4　冷ましたら煮沸した瓶等に保存する。

ポイント

・そのまま食べても、サラダやパスタに使っても美味しいです。

材料
砂肝　400g　下処理したもの
にんにく　2かけ
ローリエ　2枚
オリーブ油　適宜
塩　小さじ1.5
黒胡椒　少々

モンドールチーズ

秋から、春にかけて出回る季節限定のモンドールチーズ。食べる1、2時間前に室温に戻し、とろっとしたところをパンにつけて頂きます。周りの部分は硬いのですが、だいたい食べ終えたらこれをオーブンで焼いて頂くのも楽しみの一つ。

かんぱちのカルパッチョ

作り方

1　かんぱちはよく水気を拭き取り、薄くスライスしてお皿に盛りつける。

2　レモン汁とオリーブ油と塩と胡椒をかけて、仕上げに青ねぎを散らして完成。

ポイント

・旬の魚は食卓には欠かせない。数名人が集まる時にはお造りにするよりも、カルパッチョの方が取り分けやすく手軽です。

材料
かんぱち　200g
レモン汁　大さじ1
オリーブ油　大さじ2
塩　小さじ1
胡椒　適量
青ネギ　小口切り

カキのオイル煮

材料
カキ　500g
オイスターソース　大さじ1
にんにく　2かけ（潰す）
ローリエ　2枚
赤唐辛子　2本
オリーブ油　適量

作り方

1　カキを塩水（分量外）でふり洗いしてしっかりと汚れをとって、キッチンペーパー等で水分をよく拭いておく。

2　フライパンにオリーブオイルを入れて、カキを並べて強火で両面をしっかり焼く。

3　2にオイスターソースを加えて、焦げないように注意しながら煮詰めていく。火が通りすぎないようにバットに取り出しあら熱をとる。

4　保存容器に入れ、オリーブ油を注ぎ、ローリエ、にんにく、赤唐辛子を入れて保存しておく。

ポイント

・そのままおつまみとして食べても、パスタやサラダにしても美味しいです。カキは加熱用を使いましょう。

秋鮭の南蛮漬け

鮭は揚げたらすぐに南蛮酢へ、
炒めた玉ねぎ、生のピーマンと一緒に。

ゴーヤの佃煮

夏が旬のゴーヤは甘辛い佃煮に、
ご飯やお酒の良いお供。

煮魚の残りのおから

煮魚の煮汁やあらの
残り身をほぐして、
おからと炊くのが良い始末。

揚げ煮

油揚げを油抜きし、
さっと甘辛く煮てわさびを添えて。

炒り豆腐

豆腐は水切りし、
お好みのお肉や野菜と炒め合わせ
卵でとじたら完成。

ぜんまいの煮物

干しぜんまいをごま油で炒め、
油揚げと煮れば風味豊かな山の幸。

小さいおかずの詳しいレシピは、WEB「本がすき。」honsuki.jpで見られます。

材料
洋梨　2個
きび砂糖　200g
水　500ml
白ワイン　500ml
レモン絞り汁　半個分
シナモンスティック　2本
カルダモン　4粒

作り方

1　鍋に水、白ワイン、きび砂糖を入れて沸騰させる。

2　洋梨は皮を剥き、レモンの絞り汁、シナモン、カルダモンと一緒に鍋に入れ、キッチンペーパーで落とし蓋をしながら、弱火で20分煮る。

3　竹串等を目立たないところに刺して、硬さを確認し火を止める。あら熱がとれたら、バットに冷水をはって鍋の底をつけて、冷ます。

4　冷蔵庫でよく冷やしてから頂きます。

ポイント

・火を止めても、あら熱をとっている間にも熱が加わります。一寸手前で止めるのがポイント。お好みでアイスクリームと一緒に。

洋梨丸ごとコンポート

栗の渋皮煮

材料
栗　500g
砂糖（きび砂糖）　栗の皮を剥いた重量の60％
ブランデー　大さじ2　重曹

作り方

1　栗を一晩水につけて、栗の底に刃を入れて、そこを軸にしながら、傷をつけないように丁寧に鬼皮を剥く。

2　鍋にお湯を沸かして重曹を入れて1を水1ℓに対して小さじ1入れる。

ドライフルーツのスパイス煮

材料
ドライフルーツ
（イチヂク、プルーン、杏、レーズンなど）　300g
赤ワイン　400ml
水　50ml
きび砂糖　50g
シナモンスティック　2本
カルダモン　6粒
クローブ　6粒
スターアニス　4個

作り方
1　ドライフルーツを鍋に入れて、赤ワイン、水、きび砂糖を入れて火にかける
2　沸いて来たら弱火にして、スパイスを加え、3分煮る。
3　冷めたら、熱湯消毒した保存瓶に入れて保存します。

ポイント
・ちょっと残ったドライフルーツ、ワインで作ったのがきっかけです。そのままでも、ヨーグルトやフロマージュブランと一緒に頂いても。

別の鍋にも同量の湯を沸かしておき、栗を取り出しながら、交互に10分位、3〜4回茹でこぼす。澄んだ色になってきたら完了。煮汁を半分くらい捨てて、同量位の水を入れます。
3　竹串を使い、刮げるように丁寧に渋皮に着いた繊維や筋をとっていく。全ての栗の下処理が終わったところで計量し、砂糖の量を決める。
4　鍋に栗が重ならないように入れて、ひたひたになるくらいの水を入れて、砂糖の半量を加えて火にかけます。煮立ったら、残りの半分を入れ、クッキングシートで落とし蓋をし、弱火で15分ほど煮て、最後にブランデーを香り付けに加える。
5　熱湯消毒した保存瓶にいれて保存する。

ポイント
・丁寧に根気よく栗のお掃除をしてあげる事が一番のポイント。作った翌日からが食べ頃ですが、出来立てをつまみ食いするのは作った人の特権、その味わいも是非。

美味しさって何だろう

食材を買う時も、料理を作る時も、相手の顔が思い浮かぶ。そこを大切にすることが本当のおいしさに繋がるのではないだろうか。

写真右から「紀州のうめ酢」「福光屋 純米本味醂 福みりん」「マルシマ 国産有機純米酢」「協栄岡野 二段仕込醤油極醸」

大きく作る

お腹いっぱい食べてもらいたいと、お弁当は目一杯詰めてしまう。唐揚げもコロッケも毎回大きくなってしまう。結果、食卓に並べると「わー!!」と歓声が上がり、後々まで「あんなに大きいコロッケ食べたことなかった!」と印象に残って、それが僕らしさ=「大きい」になっています。特に揚げ物は、外がカリッと中がふんわり仕上がるのも大きく作る巧名。僕の食べる人への気持ちが大きさに繋がっている様な気がします。

調味料は逸品を追い求めない

撮影現場や展示会などへのお届けお弁当を作る時の調味料も、普段自分たちが使うのと同じものを使っています。逸品と紹介される様な醤油や味醂もそれはそれで憧れではあるけれど、取り寄せたり遠くまで買いに行くものより、気兼ねなく日常使いができるものに落ち着いています。お醤油1本小瓶で2千円……ではやっぱり続かない。もちろん出来る限り自然由来の成分で、なおかつ近くのお店やスーパーでいつでも買える物が、選ぶ基準です。

洋風の味で育った僕が行きついた「乾物」

お味噌汁よりはスープ、僕自身は母に洋風の味で育てられました。だからかつてひじきや切干し大根などは、見たことはあるけれどどうやって調理するのか分からない食材だったんです。宿での食事やお弁当を作るようになって、自分の味を探し、家庭料理を探求するひとつの行き着く先が乾物でした。乾物はまさに日本人の暮らしの知恵。生の野菜や海産物を「干す」というひと手間をかけることで、保存の容易さ、滋味深い美味しさが生まれることを発見し、乾物を使うのが楽しくなっていきました。今では毎回食卓にのぼるいつもの味といった存在です。

料理の随筆からもらう知恵

料理を始めたときは、レシピ本のベストセラーがたくさん出ていた頃で、栗原はるみさんや有元葉子さん、レストランのシェフの本が大人気でした。いっぽう僕は、よしもとばなな、向田邦子さん、池波正太郎さんなどの料理に関する随筆になぜか惹かれて、何度も読み返していました。登場する料理や食の描写は、華やかさや特別な料理ではなくて、しっかりと日本人の暮らしに根付いた料理や風習、豊かな季節感や日常が描かれて、そこが料理を作る意味や目的、大きなヒントになったり、創作意欲に繋がってきたような気がします。

「誰から買うか」もひとつの地産地消

島で宿をやっているとき、どの食材もほぼ地元の個人商店で仕入れていました。行くたびに店主との会話が増え、距離が縮まり、買い物の楽しみが増えていきました。そこに並べられた商品が別にこの島でとれたものじゃなくたって、そこで暮らす人を支える店から買うのであれば、それも一つの地産地消であるという考えに行き着きました。都会の真ん中に暮らす今でもそうです、誰から買うか、顔が見える関係性を大切にすることは、食卓に並ぶ料理の味にも繋がっていると思っています。

食卓の花は心の鏡

母は常に花を美しく活ける人でした。亡くなってからは仏壇に活けるのはどこか違和感があって、食卓に花を飾る習慣がつきました。花と生活していると、少し元気がなくなった花をきれいに活け直すと自分の気持ちも落ち着くし、花屋さんで買う時も自分の調子が良いとすっと美しい花を選べたりする。和らかな陽の光、夜の間接照明と蝋燭の明かりの中に凛と佇む花はどこか母のようであり、見守られている様な。花は自分のゆとりを測るバロメーターのようだなと感じます。

別れの味 出会いの味

マイ・ヒストリー

麻生要一郎になるまでの日々

僕は、昭和52年の1月18日に茨城県の水戸市で「高野要一郎」として生まれた。

父は祖父が一代で起こした建設会社の役員で、母は花や植物を愛する人だった。産まれて来るのが男の子だと分かった時点で、祖父が自分の名前である要之助から一字をとり、高野家と会社の後継者への期待を込めて「要一郎」と命名した。近所の原っぱでひとり花を摘んだりして過ごす大人しい子供だった。

父の死

幼稚園の時の将来の夢は「獣医さん」、しかしその後は将来の夢にはずっと「家業を継ぐ」と記していた。何をする会社かはあまり分かっていなくて、ただ周りの大人達の期待を敏感に感じ取ってそう書いていたのだと思う。小学校、中学校も友達と一緒に外で元気に遊ぶというよりは、一人教室の隅っこで本を読んでいる事の方が多かった。大学への進路を決める時、自分の将来を考え、父親と初めて将来の話をした。父は祖父が創業した会社の跡取りとして入社し、二代目としてとても苦労をした。父の代になり、働きやすいように、組織をしっかりと確立していこうと様々な改革をしている最中だった。僕は理系よりは文系の人間である事は、その頃の成績表を見ても明らかで、将来的には会社を継ぎたいと思っているが、大学は建築よりも、経営や政治経済の道に進みたいと伝えた。父は「若いうちはやりたい事を思う存分やったら良い、私は要一郎が継ぎたいと思える会社を目指す。だからお互い頑張ろう」そう言ってくれた。しかしそんなある日、父は突然に脳梗塞で倒れ、帰らぬ人となった。

救急車で搬送された病院には、会社の役員、親族、父の友人達が集まっていた。集中治療室から出る時に母が僕の腕を掴み「ここから先、あなたは絶対に涙を見せてはだめ、誰の事も信頼してはだめよ、わかった?」とだけ言った。母の目にも涙が溢れていた。自宅に帰ると、深夜にもかかわらず、社員や葬儀社、たくさんの人が集まっていて、既に客間には立派な祭壇が作られていた。翌日から葬儀までの数日は、来客が途切れる事は無く、当時の父の権勢を物語っていた。僕も、母も悲しむ時間すらなかった。大勢の方が参列して下さった告別式の様子を眺めながら、たくさんの人に慕われて、本当に立派な父であったと19歳の僕は思った。それからは色々な事が、親子の意思とは裏腹に、何よりも体裁が優先されて決まって行った。母は父の代わりに会社へ行く事が決まり、僕は「建設会社の後継者が建築を分からないでどうする」と父と決めていた進路の話は一蹴され、建築の専門学校へと進学する事になった。

母への料理

母は会社からとても疲れて、僕は授業が全く分からず帰宅する毎日がはじまった。母の役に立てる事はないものか。とても綺麗好きな母で、洗濯や掃除、庭の手入れに関しては、僕の出る幕は無かった。しかしごはんの仕度なら出来るかも知れないと、学校からの帰り道、スーパーに寄って食材を買って家に帰り、ごはんを作って母の帰りを待った。しかし一人息子が作ったごはんをすんなり美味しいと食べてくれる母ではなかった。最初の頃はなかなか味が決まらなかった。すると「ごめんね、今日お腹いっぱいなの」「ごめんね、お昼が遅かったの」と、そうっと箸を置いた。何が原因だったのか、母の好きな味付けを考えて次に活かす事の繰り返しだった。少しずつ箸を置く回数は減って行き、ごはんを作る事が楽しくなっていった。

学生生活が終わろうとしていた頃に、母が僕の予定をきいてきて、この日と、この日を空けておいて欲しいと言う。何があるのかを尋ねたら「私、乳癌なの、入院する日と手術の日だけあけておいてね」そう言われた。父が亡くなり、慣れない会社に出るようになって、学生の頼りない僕を守り……癌になった原因は明らかだった。入院すると、母は病院の食事にもそうっと箸を置いた。見ているとほとんど食べないのである。そこで僕は考えて、一日三食を病院へ届けた。朝はパンとコーヒー、お昼にはサンドイッチや簡単なお弁当、夜は主菜や副菜。あまりやり過ぎても母が気を遣うし、病院側だって良い気はしないだろう、でも食べなければ力も出ない。そうして親子で力を合わせて、無事に一度目の手術を乗り越えた。

僕も会社に入社し、最初の頃は随分と苦労したが、地道な努力の積み重ねで少しずつ周囲の信頼を得る事が出来た。その仕事の関係の中で、母にも良い人が出来た。僕が建築の仕事を受注したお客様で、とても厳しい人だった。設計が複雑

な事もあって工事は難航し、何度もお叱りを受ながら、無事に仕事は納めたものの、工期の遅延などもあって、最後の請求書を出す際に、減額されたりするのではないかと不安だった。そこで僕はその請求書を届けることを母に頼んだのである。世代も近く、男性である以上、きっと母には弱いはず、そう考えたのだった。作戦は功を奏して満額の早期入金を賜った。その一件がきっかけとなり母とその紳士は親しくなっていき、母の表情は明るくなり、とても幸せそうだった。僕はそれが何より嬉しかった。

祖父が亡くなって、会社の体制も色々と変化があり、重責とプレッシャーに疲れきってしまった僕は、自分のやりたい事に専念していきたいと思うようになり、取締役を辞任した。「やりたい事」が何かもまだわからないままに。

新島へ

辞任する少し前、水戸で友人とカフェをはじめた。しかしそこは友人とスタッフでまわっていたので、オーナーの立場である僕の出番はない。もう少し、自分を試せる事はないかと考えていた。そんな時、株式会社スピーク代表取締役の林厚見氏（東京R不動産）と出会い、彼を通じて

僕は新島という今まで知らなかった東京の島と出会う事になる。初めて訪れた2月の島は、海も真っ青、風が強く誰も歩いていなかった。ひょんな事から、もともと民宿だった物件が見つかって「カフェ＋宿 Sarõ」という宿を一緒にはじめた。その宿の名前には、舗装された路ではなく、でこぼこな砂の路を入って行く「砂路」、新しい事をはじめる人生の分岐点となる「叉路」……そんな意味を込めて命名した。Sarõの建物には「夏休みに行く島のおばあちゃんの家」のような趣があり、僕が普段作る家庭料理の味がしっくりと馴染んだ。毎日毎日20人前後のお客様とスタッフ、さらには日々やってくる友人達のごはんを作るのは大変だけど本当に楽しかった。春から夏まで島で暮らして、秋と冬は都心に戻る、そのバランスも好きだった。毎年代わる代わる手伝ってくれたスタッフそれぞれの食べ物の好き嫌いは今でもよく記憶している。

そして忘れてならないのは、この場所で出会った人生の相棒「チョビ」（猫）である。チョビは宿をはじめるための片付けをしている時に、庭の小さな小屋の辺りをよちよち歩いていた。最初は部屋の中にいる箱入り猫であったが、だんだんと成長すると共に宿の看板猫となった。野良猫達と縄張り争いで喧嘩になっても、

チョビはシャーッとは言わない、拍子抜けする様な「マ――ッ」と優しい声で威嚇していたが、身体が大きいので相手の方が逃げて行った。オフシーズンには、僕と一緒に水戸の実家へ帰った。最初は環境が変わるとストレスになるかなと思ったがその心配を他所に、僕の実家でも我が物顔に歩き、母ともだんだんと仲良くなっていった。その母が行くとこ行くとこ家の中をついて歩くようになり、お風呂に入れば、お風呂にまで入っていく様子を見て、二人を引き離すのは可哀想になって、チョビはSarōの看板猫を引退し、母のそばで暮らすようになった。

　母の最愛の紳士が癌を患って、しばしの闘病の後にあっけなく亡くなった。彼は当時、独身であったが、亡くなれば家族の元へ。内縁の妻の立場というのは実に弱いのである。裕福な彼の家族は母を誤解し警戒したので、母が看取る事は叶わなかった。僕が島にいる時に、電話をして来た母はしくしくと泣いていた。きっとその時も、母はチョビにたくさん話をしたのだと思う。父の時も、紳士の時も、母は突然に愛する人を失った。

母との別れ

　その年のSarō営業を終えて、友人のお店の立ち上げで僕は冬の黒磯にいた。年末のある日、母から「チョビを少し預かってくれないか?」と連絡があった。母はチョビを預けてどこかへ行くはずがない。どうかしたのかな? と思いながらも、忙しく時間が過ぎ、年明けに電話がかかってきた「私ね、癌が再発して、入院するのよ。だからチョビを預かって欲しいの。これから連れて行くから」。息がぜいぜいと切れている、僕はそういう時に、瞬時に今なすべき事、大事な事を選ぶ事が出来る。「今から帰るから」腹を決めて、そう言っていた。母は「あなたの邪魔をしてごめんね」と泣いていた。皆に事情を話して、急ぎ水戸へと向かう。母の好きなSHOZO COFFEEのコーヒー豆をKANEL BREADのパンを買って。母に美味しいコーヒーとパンで朝ご飯をと思ったら、母は、私はこれでとお味噌汁を飲んでいた。好きなコーヒー、パンが口に出来ないという状況を目の当たりにした時に、これは大変な事だなと腹をくくった。

　病院へ行くと、担当医から説明を受け、各所に癌が転移している事が分かった、母には伏せたが余命は半年ないと言われた。肺に水が溜まっている事もあり、手術も抗がん剤治療もリスクの方が高い八方塞がりな状況であった。だんだん母に黄疸の症状が出て来てしまった。母は、病院にいてもやる事はもうないから、家

に帰りたいと言った。その頃、建物の都合で翌シーズンのSarōが営業出来ない事が決まった。評判もよかっただけに残念だとは思ったけれど、それが定めなのだと思った。それはまさに色々なものを手放していく年だった。

家に戻って、調子の良い日には、思い出の場所へも出かける事も出来た。

3月30日、朝から呼びかけると反応はあるけれど、寝ている様な感じだった。チョビはぴったりと寄り添っていた。きっと僕がいない間、身体の異変に気がついた時、チョビにたくさん話をした事だろう。チョビが一番、母の事を理解していた。大病なのに、弱音も吐かず、愚痴も言わない、不安も見せず、最後まで凛としていた。本当によく頑張った。その日はチョビとずっと母の側にいた。だんだん呼びかけの応えも意識も薄くなっていく。僕は、母に感謝の思いを伝えた。しばらくすると、恐らく目の焦点が合わなくなっていた母が、しっかりと僕の目を見て「私は大丈夫だから、もう休みなさい」そう言った。母はしっかりと最後の言葉を残してくれた。僕もチョビもその言葉をしっかりと受け止めて横になった。もちろんすやすやと眠れるわけもないが、ただチョビとぼんやり横になっていた。その夜、母は星になった。

お告げ

たくさんの友人達に支えられ無事に葬儀を終えると、すっかり気が抜けてしまった。もう親はいない、帰る場所もなくなる、これからしっかりと自分の力で生きて行かなければならない。どこで生きるのか、そして何をしていくのか、生まれて初めて自分の意思で決められる時が来た。色々な選択肢を思い浮かべたけれど、僕はごはんを作って誰かの役に立ちたいと思った。友人達も多くいる東京にまた戻って、チョビと二人で力を合わせて頑張って行こうと決めた。

しかし東京のどこに暮らしたらいいもの

か、全くイメージがわかずにいる時、数年前にSarōのお客様として知り合って仲良くしてもらっている「お告げ」をくれる方に相談をすると「千駄ヶ谷の古いマンション、窓がたくさんあって、線路の側だから音が少し気になるかも……」と言うので、条件に合った物件を探していると、その物件は突然現れた。契約の際、大家さん姉妹がとても会いたがっていますよと不動産屋さんに言われた。どんな方なのかなあと思いながら、引っ越しの前にご挨拶に伺い、母の闘病の事や、料理の仕事をしている事を伝えると「あなた随分ご苦労なすったのねえ、でももうここに引っ越して来たら大丈夫よ！」と姉から言われ本当に心が和んで安心した事を今でも覚えている。「あなた猫ちゃん飼っているんでしょ？　ここに来たら動物さんを大事にして、植物でもいじりながら、のんびりごはんの研究したらいいのよ」と妹が言った。良いスタートになりそうだと思った。

　部屋が見つかった頃だったか、件のお告げをくれる方から紹介されて、足相をみてくれる方にみて頂いた時に「表参道……根津美術館の近く、一本裏の通り、新しいものと古いものが混在していて、本がたくさんある、上って降りる場所……そこが貴方の居場所です」そう言われた。僕はその場所に導かれるようにして出会ったのである。それは後にパートナーとなる英治さんが営んでいたHADEN BOOKS：の事だった。その事をみてくれた方に伝えると「本棚の中に貴方の未来が詰まっている」そう言われた。

　チョビを実家から僕の部屋に連れて来ると、広いところにしか暮らした事のないチョビは、随分狭いんだね？　階段もないの？　そんな顔をして、とても不満そうだった。チョビは階段が好きなのである。姉がチョビの様子を見に来てくれた。チョビは持ち前の人懐っこさで、姉にすりすりとしていた。妹は少し足が悪いので、一緒には来ず、後日再び姉が来て「妹に見せたいからちょっと連れて行っても良い？」そう言いながらエレベーターで上がって行った。急いで行くのも何だか悪い気がして、少し間をおいてから上に行った。すると、チョビはとても嬉しそうに家の中を走り回っていた。階段を登ったり降りたりするチョビ、その様子に本当に嬉しそうな姉妹の様子を見ていて、僕はチョビと姉妹を引き離せなくなった。はじめにチョビ、そして僕と次々に姉妹の養子になったのである。

　かくして僕は麻生要一郎になった。家族がいなくなった僕に再び、家族が出来た。そして家族のように愛しい友人達も。

あとがき

僕は19歳の時に父を亡くして、それから19年経った38歳の時に母を亡くした。

19という数字が何を意味するのか、それとも単なる偶然なのかは分からないが、次の19年先は僕が57歳の時である。その時に何があるのか、あるいは何事もなく平穏な年になるのかは誰にも分からない。僕はその時まで悔いなきように生きようと思っている。

19歳の父を亡くしてその先の人生を憂う僕に、あなたは将来苗字も変わり「料理」を生業として、お弁当を作ったり、色々な人達と食卓を囲み、本を出したりするよと伝えたらどう思うか、きっと全く理解が出来ないだろう。

良い事も、そうでない事も、人生はいつ何があるかなんて分からない。だからこそ、愛する人達と語らい、味わい、分かち合う食卓は僕にとって大切な時間だ。作る側も、食べる側も、食卓から湧いてくるエネルギーがあると僕は信じている。

この本を手にとって下さって本当にありがとう。皆さまの日々がどうか健やかでありますように。

さて、今夜は何にしようかな?

麻生要一郎

麻生要一郎（あそう よういちろう）

1977 年 1 月 18 日生まれ。　茨城県水戸市出身。

雑誌やアパレルの撮影現場、コンサート会場や舞台へのお弁当のケータリングが家庭的な味わいで好評。雑誌への料理・レシピ提供、食や暮らしについてのエッセイなどの執筆を経て、本書が初の単行本となる。

愛猫「チョビ」が人生の道先案内人。

いつか日本各地の郷土料理や器を探究する旅をするのが夢。

Instagram : yoichiro_aso

料理・文　麻生要一郎
撮影　山田 薫
装幀・本文デザイン　緒方修一
構成・文（対談・買い出しの日・美味しさって何だろう）　安田真里
編集協力　HADEN BOOKS : 林下英治
撮影協力　DEE' S HALL
編集　加藤ゆかり

僕《ぼく》の献立《こんだて》

本日《ほんじつ》もお疲《つか》れ様《さま》でした

2020 年 11 月 30 日　初版第 1 刷発行
2021 年 11 月 25 日　　　第 4 刷発行

著者　麻生《あそう》要一郎《よういちろう》

発行者　田邉浩司
発行所　株式会社　光文社
〒 112 - 8011　東京都文京区音羽 1-16-6
電話　編集部 03-5395-8172
書籍販売部 03-5395-8116
業務部 03-5395-8125
メール　non@kobunsha.com

落丁本・乱丁本は業務部へご連絡くだされば、
お取り替えいたします。

組版　堀内印刷
印刷所　堀内印刷
製本所　国宝社

ISBN978-4-334-95201-3